"Reading Power" for Success

大人の読解力

"読み解くこと"は最強の武器である

ビジネスフレームワーク研究所［編］

青春出版社

成功者だけしか知らない〝読解の極意〟を、この一冊で身につける！

目の前にどうしても読まなければならない1冊の本があるとします。さて、どうすればもっとも効率よくその本に書いてある内容を頭の中にインプットすることができるでしょうか。

もちろん、最初のページから一字一句じっくりと精読するマジメな人もいるでしょう。あるいは、専門外の分野なので飛ばし読みや拾い読み、斜め読みで十分という人もいるはずです。

本の読み方は人それぞれ、自由です。けれども、テキトーな読み方を続けているとせっかくの努力がムダになってしまいます。しかも、本と真摯に向き合い、書いてある内容を理解しようと努力をしてみたところで「読み方」に問題があると徒労に終わってしまいます。

本を読む目的や理由を明確に持って読むことは、それだけで本を読みたいというモチベーションを上げてくれますが、それと同じように大切なのが、ムダのない、効率的な読み方のノウハウを身につけることなのです。

本書では、

〝読み解くこと〟は最強の武器である

をテーマに、本を正確に深く読むコツをはじめとして、仕事の資料を手早く分析するワザ、ことばの〝行間〟から物事を判断するテクニックを学ぶことなど、成功者だけしか知らない読解の極意を厳選して紹介しました。

本をどう読んだらいいのかわからない、読んでも知識が身についていない気がすると感じたら、ぜひ、本書を開いてみてください。

アウトプットに直結する目からウロコの読み方が身につけば、あなたの人生は今日から大きく変わりはじめるはずです。

２０１８年10月

ビジネスフレームワーク研究所

大人の読解力　〝読み解くこと〟は最強の武器である■目次

Step1

身になる読み方、ムダになる読み方 — 15

Step2

〝ひとつ上の自分〟を育てる読み方

Step3

Step5

思考力と発想力をモノにする読み方――125

Step6

行間から専門書まで…意外と知らないモノの読み方――147

DTP■フジマックオフィス
制作■新井イッセー事務所

Step1
身になる読み方、ムダになる読み方

01

何を読むか決められないなら、目標設定からはじめよう

本を読む時にもっとも大切なことは何だと思いますか。それはズバリ、明確な「目的」（テーマ）を持つことです。

読む前にまず、自分は**「どんな情報を知りたいのか」「何を得たいのか」などをはっきりさせる**ことです。そうすることで手に取る本も自ずと違ってきます。

よく「運命の1冊」に出会ってから人生が変わった人の話を聞きますが、この場合は自分が今悩んでいることを楽にしてくれる何かがそこに書かれてあったのでしょう。必要に駆られて自分に合った本を探した結果、ひとりで抱え込んでいる辛さを乗り越えられるヒントを得たのです。

つまり、悩みの本質は何なのか、もっと前向きに生きたいという積極的な姿勢がいい結果に結びついたわけです。本を読むという目的や動機が明確になっていたからこ

そ、本を探し、実際に手に取るという行動力に結びついたのです。

しかも、**前もって目的を設定して読む**ということは、たしかな成果を導き出します。逆に、目的を持たない行動はどうしても曖昧になりがちで、明確な答えを導き出せないままになってしまいます。

しかし、なかにはそれでも本を読むのはどうも苦手だという人はいます。そんな人は、次の３つを意識してみてください。

・**タイトルを見て買う**…自分が知りたいことや悩んでいることは、本の「タイトル」に集約されています。そのタイトルこそが「目的」なのです。

・**読みたい本を読む**…単に読みたい、知りたい、この作家が好きでも構いません。

・**自分に合った読み方をする**…全部読む必要はありません。楽しく読むのが基本ですから、仕事関連の実用書などは、必要な箇所だけ拾い読みするだけで十分です。

――何のために読むのか。確固たる目的を持って読むことでインプットの効率は格段にアップします。

02

次の展開にドキドキ、ワクワク…予測しながら理解を深める

一連の文章を読んでいく時に意識したいのが、理解を「深める」と「進める」の違いです。それにはまず、**深める理解と進める理解**の違いを正確に理解しましょう。

たとえば、子どもに絵本を読み聞かせたり、物語を語っている時、「なんで？　なんで？」と聞かれます。これは、何らかの事実を前にしてその場で深く掘り下げていこうとする行為です。これが「深める」理解です。

それに対して、「それで？　それから？」と聞くのは、次の展開はどのようになるのかを知ろうとしています。これが、理解を「進める」行為です。

幼い子どもでも、興味を持ったことには自然と好奇心が湧き、より理解しようとして「深める」↓「進める」という思考パターンになっていきます。これを意識して行うことができれば、読解力も上がるというわけなのです。

理解を深める読み方のコツは、「5W1H」を頭に置いて読むことです。「いつ、どこで、誰が、何を、なぜ、どのように」ということを表す言葉ですが、これは文章の理解を深めるのにも大変役に立つのです。

一方で、「進める」読み方の場合は常に時系列を意識します。時間の経過や物事が起きた順番などを正確に把握すれば、おのずと情報が整理されていきます。

さらに一歩進めると、深める理解の場合も進める理解の場合も、**自分の中に〝予測〟を持つことでより正確に読み解くことができる**はずです。

しかも自分なりの視点があれば、批判したり共感したりしながら読むことができます。そうすることでさらに読解力が高まるのです。

面白い本を読む時は、予測しながら理解を深めていくという読み方を自然と実践しているはずです。次はどうなるのかな、何でこうなっちゃったのかな、とドキドキ、ワクワクしながら読み進めているからです。

この**好奇心こそが、読解力を深める最強の武器になる**のです。

03

修飾語を消しながら読む「シンプル読み」のススメ

国語の読解問題が苦手だったという人は、「筆者の言いたいこと」がどこに書かれているのかわからないという経験があるでしょう。

言葉の美しさや表現の機微を楽しむのではなく、正確に理解するという読み方をする場合、大きな敵となるのが「修飾語」です。

修飾語は文章を彩るもので、文学作品になくてはならないものですが、それが苦手な人にとっては書いてあることを理解することが難しくなります。理解するという一点に絞って文章を読む時には修飾語が邪魔なので、そんな時には、意識せずに読むことができるように（　）でくくってしまいましょう。

たとえば「小川はまるで美しい音楽のように流れている」とか、「瞬きする間に消えてしまいそうな弱々しい後ろ姿」という文章があるとします。

「小川は（まるで美しい音楽のように）流れている」
「（瞬きする間に消えてしまいそうな）弱々しい後ろ姿」

味も素っ気もなくなってしまいましたが、シンプルに理解するならこれで十分な情報です。装飾語に惑わされると、核になる重要なポイントを見誤ってしまう危険性があります。それを防ぐために**修飾語を消してしまう**のです。

そこで注意したいのが、修飾語のほうにむしろ重要な意味が込められているパターンです。単なる情景描写ではなく著者の思いが反映されている場合もあり、それを見逃すと読み取り方が１８０度変わってしまうこともあります。

例を挙げるなら、「悪魔のように顔を歪めて」と「かわいそうなくらい顔を歪めて」では、受ける印象がずいぶん違うはずです。それは、「悪魔のように」や「かわいそうなくらい」という形容に書き手の真意が込められているからです。

ただし、**ビジネス関連の資料の場合、修飾語はいったん無視して差し支えない**場合が多いでしょう。なんとなくわかったら、カッコを外して読んでみてください。**骨組みが理解できていれば、驚くほどスムーズに理解できる**はずです。

04
ほんのひと手間でわかる！プロが教える線の引き方①

難しい文章を読み解かなくてはならない場合、ただ繰り返して読んでいてもあまり効果的とはいえません。

短い文章ならまだしも、書籍などの長い文章の場合は繰り返して読むだけではなかなかポイントが頭に入らないものです。

そこでおすすめしたいのが、**「線を引く」**ことです。もちろん図書館などで借りたものには使えないやり方ですが、そもそも一度読んで理解できないようなものは、自分で購入して読み解かなければなりません。

まず1回目に読む時は、書き手の主張や論理展開を追ううえで大切だと思う箇所に鉛筆で線を引きます。この時は、**正確に理解できなくても構わない**ので、迷わずに線を引いていきましょう。

2回目に読む時は、前回引いた線だけを拾い読みします。すると、話がスムーズにつながるところもあれば、流れがおかしいところも出てくるはずです。それこそが、この読書法の狙いなのです。

仮に、線を引いた箇所がスムーズにつながらないところがあれば、線を引いた箇所がおかしいか理解が足りないということになりますから、**その線の前後を再読**して線を引き直したりつけ足してみてください。

また、最初に読んだ時に明らかに理解できない語句や事実があれば、そこにも線を引いて、辞書を引くなり調べるなりして明らかにしておきます。

そのうえで、もう一度読んで内容が理解できれば、その文章の骨子を理解できたことになるでしょう。展開の骨組みが理解できていれば、**細かいところに対しても思考を巡らせる**余裕が生まれます。

本はただ読むだけで終わりにするのではなく、資料として書き込んだり、メモをしたりしてこそ生きる類のものもあるのです。**鉛筆が1本あれば誰にでも簡単にできる**方法ですから、すぐにでも試してみる価値はあるはずです。

05
ほんのひと手間でわかる！プロが教える線の引き方②

一度読んだだけでは理解できないようなややこしい文章を理解するコツは、**図を描いてみる**ことです。

複雑で難解な問題でも、図を描いて整理することで文章を読んでいるだけではわからなかったことが視覚的に明らかになり、**内容がスッと頭に入ってくる**のです。

たとえば、章ごとに構成のパターンを図式化してみます。主張していることは何なのかを探し当て、それをどのように展開していくのかを簡単な図で表しながら読み解くのです。

因果関係をはじめ、対立関係、言い換え、具体例など、文と文の関係はさまざまでしょう。

これを頭の中だけで理解しようとすると、伏線が張られたり例がいくつも挙げられたりと話が複雑になるほど混乱しやすくなります。そこで○で囲んだり、矢印（↓）を入れたりといった簡単な図を書きながら読んでいけば、文章全体の流れを見失うことは防げます。間違って解釈していたこともすぐに気づくことができるでしょう。

文脈だけで流れをつかもうとするよりも、**図にして視覚化することで理解度は格段に上向く**はずです。

書き込みができるような資料であれば直接メモをしてもいいし、小さなメモや付箋を活用するのも手です。いずれの場合も該当する箇所にチェックをしたり印を残しておけば、いつ読んでも容易に思い出すことができます。

わかりにくい時は頭だけで考えないで手を動かすべしというのは、何も学生に限ったことではないのです。

06

読む前の〝暗黙の前提〟は、いったん脇にどけておく

「私は帰宅したあとに、急いで食事の支度をした。子どもたちはいつものように騒がしく、でも楽しそうにじゃれあっている」

この文章に出てくる「私」は男性か女性かと聞かれたら、女性と答える人が多いのではないでしょうか。さらに、「私」のことを母親と思う人も多いでしょう。

しかし、よく考えてみればこのケースは男性でも成り立ちます。母親や父親といった身内とも限りません。住み込みで働くハウスキーパーかもしれません。

さらに、子どもたちというのは人間であるとはどこにも書いていないのです。飼い主が帰宅して、飼い犬の子犬たちが遊んでいるのを見ているのかもしれません。

これは、「食事を作るのは女性」、「母親は子どもに食事を作るもの」という社会の通念にとらわれた解釈が、勝手に認知情報を補完した結果です。

文章を読む時には、無意識のうちに暗黙の前提ともいえる情報を補完しながら読んでいます。それは、文化や国柄などの中で培われた感覚で、**同じ共同体に属している人たちには語らずとも伝わる**ものなのです。

逆にいえば、別の文化や社会通念を持った共同体で育った人に対しては、暗黙の前提は通用しません。つまり、その文章は必ずしも**自分と同じ暗黙の前提を持つ書き手によって書かれているとは限らない**のです。

冒頭の文章でいえば、住み込みのベビーシッターがいるのが当たり前という文化を持つ人が書いた文章なのか、母親が外で働き、父親が家にいるという家庭で育った人が書いたのかということは、読み解くうえで大きなカギになるはずです。

さらに、文章を読んでいる時は、自分が**暗黙の前提にとらわれていないか意識する**必要があります。自分の属する共同体の暗黙の前提を無意識に当てはめていないかどうか、自問しなければなりません。

誰しもが暗黙の前提というものを持っているものですが、それを疑うことが時に必要だということを覚えておきましょう。

07

難しい文章を仕分けするには、「4つのW」を使う

ジグソーパズルを組み立てる時に、多くの人がまず枠になるピースや、同系色のピース、同じような絵柄があるピースというように仕分けをするものです。そうすることで、パズルはぐっと組み立てやすくなります。

それと同様に、文章がどのようなパーツで構成されているかがわかれば、内容を理解するスピードが上がります。その際に役に立つのが、「WHO」「WHAT」「WHY」「HOW」です。

文章を読みながら、**文節ごとに「WHO」「WHAT」「WHY」「HOW」に仕分けていく**のです。

最初に探すのは、「WHO」にあたる主語です。誰が、何がなどの表記がされていますが、場合によっては省略されていることもあります。**主語を特定しなければ、内**

容の正確な理解は不可能です。

次に探すのは「ＷＨＡＴ」で、これは目的語と言い換えることもできるでしょう。主語が何らかの働きかけをするものや人、事象などを当てはめます。

そして「ＷＨＹ」は「なぜ」です。理由を表している表記を探しましょう。

「ＨＯＷ」は「どのように」にあたります。方法や手段を表しています。

難解な文章もバラバラにして仕分けていくことで、その骨格が見えてきます。骨格にあたる部分が見えれば、最低限の理解はできますし、そこに情報をプラスして理解を補強していくこともできます。

このやり方が有効なのは、ニュース記事や論説文、解説文などです。これらは読み手に理解させるための文章なので、構成がある程度しっかりしていて、分解しやすいからです。

新聞や雑誌などの短い文章で色ペンや記号などを利用して仕分けの練習をしてみれば、コツがつかめてくるはずです。

08

読解力アップの王道こそ「要約トレーニング」

読解力を高めるための効果的なトレーニングのひとつとして、**文章を要約してみる**ことをおすすめします。

そもそも読解力とは、「ようするに、その文章には何が書いてあるのか」を理解する力のことです。

なかには長く複雑な文章もありますが、結局のところ著者の主張したいポイントはいくつかに絞られます。それを自分なりに短くまとめてみるのです。

いきなり本をまるまる1冊だと大変なので、まずは章が終わるごとに「何が書かれていたか」「著者の主張は何だったのか」「どんな問題提起がなされて、その結論は何なのか」などを要約してメモしてみることです。

慣れないうちは**各章80文字程度で要約するようにして、徐々に40文字程度まで字数**

を減らしていくトレーニングをするといいでしょう。

字数が制限されていると「この文章は横道にそれている部分だな」とか「これは補足的な文章だな」など、余計だと感じる情報を要約文から削れるようになります。その結果、もっとも重要な情報はどれなのか、もっとも著者が主張したいことは何なのかを読み取る力が格段にアップします。

また、分厚い本になると最初のほうの章に書いてあった内容を忘れてしまうこともありますが、短くまとめた文章を読み返せば「そうだ、あの章ではこう書いてあった」と思い出すこともできます。最後まで読み進めていくうえで、全体的な構成や内容を理解するのにも役立ちます。

書いて文章にまとめるのは苦手だという人もいるでしょうが、**書くことと読むことは表裏一体**です。書く技術がなければ、読む技術も伸びません。

読む　↓　要約する　↓　短く収まるように書く

この一連の要約トレーニングを繰り返し行うことで、書く力も読む力も同時に育まれていくのです。

09

読み間違いを防ぐには、文章の「客観度」をチェックする

読解力とは、文章を正しく読む力のことだともいえます。

ただ、そうは言っても「正しく読むってどういうこと?」「いったいどういう読み方が正しいの?」と疑問に思う人も多いでしょう。

何が書かれているかを正しく読み解くためには、**客観的に文章を読むことが必要**になってきます。

「客観」とは、自分の考えを入れないで物事をありのままに見ることです。その反対が「主観」で、自分だけの見方や考え方のことをいいます。

じつは、この**自分の考えを入れずに客観的に文章を読むということが難しい**のです。つい自分の考えや先入観が入ってしまい、物事や著者の主張を正しく捉えられなくなってしまうのです。

そこで、文章を客観的に読むための方策です。まず、その文章が客観的な文章か主観的な文章なのかを見極める力を養いましょう。たとえば、

・レストランAは、柔らかい歯ごたえの何ともいえずおいしい肉料理を提供する人気店です。

という文章は客観的でしょうか、主観的でしょうか。

これは主観的な文章です。歯ごたえやおいしさは人それぞれに感覚や評価が違います。人気店だという基準も示されずに曖昧だからです。一方で、

・レストランAの肉料理は、すべてA5ランクの黒毛和牛を使用。予約はこの先2カ月待ちという人気店です。

この文章は客観的な文章です。具体的なデータが根拠として挙げられ、客観的な事実が語られています。

このように主観的な文章なのか、客観的な文章なのかを意識しながら読むと、文章を客観的に捉えられるようになります。**俯瞰して読むことで、正しく読み解けるようになってくる**のです。

10

〝自分の立ち位置〟を表明する前に3つの検証を忘れない

ただの娯楽として文章を読む場合は別ですが、何らかの情報を得るためだったり自分の見識を深めるために読むのであれば、そこに繰り広げられている主張や論旨を的確に読み取る必要があります。内容を正確に理解することで、はじめて自分の中に意味があるものとして取り込むことができるのです。

ただし、漫然と読んでいたのでは的確な読み取りは難しくなります。**意識したいのは「事実かどうか」「論理に破たんはないか」「主張に賛成か反対か」という3つの視点**です。

まず、書かれている内容が事実なのかどうかを検証します。客観的な事実に基づいていなければその主張には根拠がなくなり、その後の検証にも意味がなくなってしまうからです。

次に論理展開に破たんがないかどうかをチェックします。客観性が保たれているか、偏った見方をしていないか、理由づけに無理はないかなど、さまざまな角度からチェックしましょう。一見無理のない展開にみえても、言葉の勢いや盛り上がりだけでゴリ押ししていることもあります。

そして何より大切なのは、その主張に対して**賛成の立場か反対の立場かを考えること**です。そうすることではじめて、**論じられている内容を自分の思考の糧にすること**ができます。賛成にせよ反対にせよ、その根拠はどこにあるのかということもしっかりと認識するようにするといいでしょう。

賛成か反対かを判断するのは、前述した3つの視点からの検証を終えてからがベストです。人間の思考にはバイアスがかかりやすいもので、あらかじめ賛成の立場で読んでしまうと都合の悪いことが意識に残らなくなる一方、批判的に読んでしまえば利点が目に入らなくなります。

的確に文章を読み解くためには、いかに客観的な目線を保てるかということが大切になってくるのです。

11 文章の中に潜む「ステレオタイプ」にとらわれてはいけない

ステレオタイプな文章というと、ありがちな内容、通りいっぺんの展開、よくある結論……とお世辞にもいい文章とはいえません。

実際、固定観念や先入観をベースにしたステレオタイプな文章は、どちらかといえばネガティブなイメージで語られることが多いようです。

一方、ステレオタイプな論理展開で語られている文章を目にする機会は多く、しかも一見スムーズに流れる話の筋に妙に納得してしまったりします。

ステレオタイプなモノの見方というのは、わかりやすいだけに、逆に論理的な理解を妨げてしまうのですが、子どもの頃から知らず知らずのうちに植えつけられているものなので、書き手も読み手もなかなかそれに気づくことができません。

まず、その主張の根拠が固定観念や先入観に基づいていないか、じっくり検証しましょう。わかりやすい例でいえば、そこに登場する人物の性別や肩書を入れ替えても話が成り立つかどうか考えてみるといいでしょう。

ジェンダーや社会的階級に関する固定観念や先入観は根深いものがあります。リベラル思考の持ち主だと自負していても、思った以上にステレオタイプなモノの見方にとらわれていることに気づくかもしれません。

固定観念や先入観が悪いという場面ばかりではありませんが、まず**自分がステレオタイプな思考パターンを持っているということに気づく**ことが大切です。

古代ギリシアの哲学者ソクラテスの言葉に**「無知の知」**というものがあります。自分が無意識のステレオタイプにとらわれていないかを知ることが成長への第一歩になるのです。

12

バックボーンを知ることで、読解の〝深度〟はもっと深まる

人気少年漫画の主人公の決め台詞に「真実はいつもひとつ！」というものがありますが、実際のところ、現実の世界では真実がひとつだと言い切れるケースばかりではありません。

たとえば、悲惨な歴史である広島・長崎への原爆投下ですが、日本でこれを肯定的にとらえている人はいないでしょう。

ところが原爆を投下した側のアメリカでは、この行為を「戦争を終わらせた」と認識している人が少なからずいるのです。

この歴史観のずれがさまざまなすれ違いとなって摩擦を生んでいるという現状はご存じの通りです。

一方の側から見えるものが、唯一絶対とは限りません。しかも、立場や時代的な背

景など多くの要素がその価値観に影響を与えるため、**多面的なモノの見方が不可欠**なのです。

文章を読む場合も、それを書いた人がどのような立場にあるのか、どんなバックボーンを持っているのかという点を頭に入れておかなくてはなりません。それを知らずに内容を鵜呑みにしてしまうのは危険です。

そこに書かれていることは真実なのか、その解釈は裏側から見るとどうなのかという疑問を抱きながら読むことで、一方的な意見を妄信することは防げます。

また、**異なる立場や背景を持つ書き手が記した文章と比較してみることも有効な手段**です。

若い頃は自分の意見が絶対正しいということを臆面もなく言えても、年を重ね見識を深めるほど、絶対と言い切れるものは本当に少ないのだと気づきます。文章を読む時もそれを肝に銘じておきましょう。

ひとつの文章を読んでいるなかで、いくつもの真実が浮かび上がってきたとしたら多面的な見方が身についてきた証拠です。

13

“立体的”な読み方が可能になる4つの視点

ビジネスパーソンとしてのスキルを向上させるために必要なことのひとつに、**「視座」を高める**というものがあります。

視座とは物事を見る姿勢や立場のことです。ひとつの事実があった時、どのような視座でモノを見るのかということで、見え方や受け止め方も変わってきます。

この視座を高めるというのはさまざまな視点を持ち、視野を広く持つことができるようになることです。

文章を読む時も、視座を高めることは正しい理解につながります。実際に目で見るわけではないですが、その文章がどのような視座によって書かれているのかということがわかると、描かれている情景や状況が見えるように理解できるのです。

さらに一歩進めると、視座のほかにも意識したいポイントがあります。

ひとつ目は「**注視点**」です。視座が「見ている人」だとすると、注視点は見られているもの・人です。さらに、見えている範囲を表す「**視野**」、見ている向きを表す「**視線**」があります。

たとえば、部屋の真ん中にある椅子に男性が座っているとします。その状況を描写する時に部屋の外から中を見るか、座っている男性から見るのかで注意点はガラリと変わるでしょう。

また、視座と注視点の間に遮るものがあるか、上から見るか下から見るか、あるいは横から見るかなど、同じ情景を描写するにしてもさまざまな違いがあるのです。

視座、注視点、視野、視線の4点を意識すると、見るように読むことができるようになります。**単に文字を目で追っているよりも、より鮮やかに状況が浮かび上がり、印象は強いものになる**はずです。

平面的に見えていたものが立体的に見えるようになれば、思考に隙が生まれにくくなります。**文章を読み、それを多角的に理解して視覚化する**というプロセスが、ビジネススキルを向上させることにつながっていくのです。

14 平面的なモノの見方を立体的に変える読み方

物事を調べる時に、関連する書籍や雑誌などにあたるのは基本の手順といえるでしょう。しかし、適切な資料を選ぶのは案外難しいものです。知識が乏しいと、情報の良し悪しを見極めることもできないからです。

解決策として簡単にできることは、**複数の資料をあたる**ということです。

難しい専門書でも簡単な入門書でも、著者の解釈や立場によって重要視しているポイントが変わったり、詳細に説明している部分が違うことがあります。

さらには同じテーマを扱っていても、それについて肯定していたり否定していたり、諸説さまざまということもあるのです。

わかりやすい例が、政治関連の資料です。著者の政治的立場や思想なども含めて、政治的な事象に対する判断はさまざまです。

もし、最初に手に取った1冊だけを参考にして自分の意見をまとめたとしたら偏りが生まれてしまうのは当然ですし、情報量そのものも圧倒的に足りません。

理解を深めるためには**最低でも3パターンの資料をあたる**のがいいでしょう。ひとつ目の資料を選んだら、それに対立するような趣旨の資料、さらに全体を俯瞰するような資料やサードオピニオン的な資料です。

そして、それらを読み比べることで、理解が深まると同時に自分の意見を構築しやすくなります。ひとつの資料を読んで得られる知識はある意味平面的ですが、別の角度から書かれた資料から得られる知識が加わることで、それが立体的になります。

複数の資料を読み解くということは、知識をより立体的にしていく作業にほかなりません。はじめは理解できなかったことが、複数の資料を読んでいるうちに理解できるようになることもあるでしょう。

複数の資料を比較しながら読むことで、おのずと物事をさまざまな角度から理解することになります。**多面的な見方をしてこそ、物事の本質を見極めることができる**ようになるのです。

15

文脈の裏に隠された〝行間〟を見抜く思考パターンとは？

小説などの文学作品の場合は、文章に書かれていることがすべてではありません。書かれていることから連想されることや、背景として当然思い浮かべることも理解する必要があります。

いわゆる **「行間を読む」** ということです。

たとえば、「夏真っ盛りの8月某日、外出するために洋服を選ぶ」という文章があったとします。この時、選んだ洋服として頭に思い浮かべるのは、薄手の半そでのものでしょう。夏は暑いという共通認識が、自然とそれを連想させるのです。これは、「夏は暑い。だから半袖を着る」という思考パターンになります。

このように、**「行間を読む」訓練をすれば、文章の真意はより理解しやすくなる**のです。これは、書かれていることの裏にある真意や真相を類推するのにも役立つ読み方です。

しかし、難しいのは行間に込められていることが常に予想通りとはいかないところです。先ほどの文章で考えれば、「夏の朝は暑いけれども、クーラーが強烈に効いている電車に乗るため、長袖のカーディガンを選んだ」かもしれません。

文字で書かれている内容と、行間に込められたものの関係には、「夏は暑い。しかし長袖を着る」という逆説的なパターンもあるのです。

固定観念にとらわれすぎると、行間を読むことが誤った方向に導いてしまうこともあります。あるいは、言葉の裏を読みすぎて、かえって真相を見失うという場合もあるかもしれません。

書き手の癖や文章の展開パターンなどから、行間に込められたものを推測し、そのうえで裏に隠されたメッセージを探ってみましょう。

いずれの場合も、行間を読む際に求められるのは、**社会的な共通認識をどれだけ知っているかということと、推察する力**です。それは今まで培ってきた教養と推理力が試されているとも言い換えることができるのです。

Step2
〃ひとつ上の自分〃を育てる読み方

16

自分の〝読む習慣〟を一度リセットしてみる

毎日、忙しくて読書に充てる時間がなかなか取れないという人も多いと思います。そんな人は、月並みですが通勤や通学途中の電車の中で過ごす時間を読書タイムにしてみてはいかがでしょうか。

仮に電車で1時間かかる会社まで通っている場合、往復で2時間、1週間5日として10時間、1カ月で40時間余りが通勤通学に費やされています。これを見過ごす手はないでしょう。

本のジャンルは問いませんが、推理小説など読み始めるとページをめくる手が止まらないというものは避けたほうが無難です。運よく座席に座れる人はいいのですが、満員電車の中で立っている場合、本を開くのがやっとで頻繁にページをめくることは難しいからです。

おすすめなのは、**語学**の本です。英語でも中国語でも、フランス語でも韓国語でも、初心者にもわかりやすい語学の本はたくさんあります。

もし新たに購入するなら、**見開きで一つの項目がまとまっている**ような構成のものを選んでください。**「朝、この2ページを確実に理解する」**と決めておけば、立ったままページをめくる必要はありません。

語学学習ならスマホのアプリでもいいのではと思うかもしれませんが、スマホだとメールやニュースや、ゲームなどの誘惑が多くて、なかなか語学の学習だけに集中するというのは難しいでしょう。

いざ勉強しようと構えても、時間とやる気がぴったり合うタイミングというのはなかなかやってきません。その点、**通勤や通学の途中は気軽にできる**のです。

片道2ページだとしても往復で4ページ、1週間で20ページです。2カ月もあれば、1冊読み終わってしまうはずです。

チリも積もれば山となるというように、これが習慣になればかなりの成果が上がることになります。暇つぶしのつもりでぜひチャレンジしてみてください。

17

誰でも自信を持って読み飛ばせる部分とは？

誰かにどうしても伝えたいことがある時や、覚えておいてほしいことがある時にはどうするでしょうか。

紙もペンもなくスマホもないとしたら、何度も声に出して繰り返して伝えるのではないでしょうか。

文章の場合も同様で、大切なことや強調したいことがあれば同じようなことを繰り返して記すことになります。

たとえばまず小見出しにして、冒頭の部分で強調し、結論で繰り返すのはもちろん、その途中でもいく度となく言及します。

確かにアピールはできますが、何度も繰り返して伝えるだけでは飽きられてしまい、かえって相手の記憶には残らない危険性があります。

そこで、相手をうんざりさせずに言いたいことを繰り返すために使われているのが、**「引用」**という手法です。

著名な作家の本の一説や格言、類似の資料の中の言葉など、引用されるものはさまざまですが、共通しているのは書き手の主張を補強するのに使われることが多いということです。

引用ならすべての書き手が違うため表現に差が出るうえ、目先が変わることで文章にアクセントが生まれます。

引用は多くの場合で「　　」でくるなどして、引用であるということがわかりやすくなっています。

自分の主張を言い換えるための引用だとしたら、読み飛ばしてしまってかまわないでしょう。おそらくその内容は、前後の文脈のどこかで繰り返されているはずです。

大切なのは、**引用箇所は書き手が強調したいところを言い換えたもの**の可能性があるということを意識しながら読むことなのです。

18

ひとつの情報をアテにすると、〝しっぺ返し〟をくらう

ビジネスパーソンとなると、どうしても自分の仕事に関連した専門書などしか読まなくなる傾向にあります。しかも、忙しさにかまけて新聞や雑誌、ネットニュースも仕事絡みの分野にしか目がいかなくなります。

専門的な知識を得るという点ではよいのですが、仕事の幅を広げたり、新しい企画を練るとなると情報不足の感が否めません。

大切なのは仕事関連に限定せず、**常に好奇心を失わずに、自分の中で「?」を持ち続ける**ことです。そうすることで、知識や思考の偏り、偏見をなくすことができますし、何より新しい発見に心躍るはずです。

「こんな見方や、やり方があったのか」「このアイデアは使えるかも…」などと、新しいビジネスへのヒントが生まれるかもしれません。

ひとつの情報をアテにしてしまうと、あとでとんだしっぺ返しをくらうことになりかねません。仮にその情報しか知らなければ、それが果たして正しい情報かどうか判断がつきません。正確な「読解」ができないのです。

たとえば、バーテンダーの仕事がＡＩにとって代わられる確率は77パーセントという論文が世界中で話題ですが、はたしてそうでしょうか。日本でも、銀行や保険、不動産などさまざまな業界で〝ＡＩショック〟が巻き起こっていますが、しかし現状はというと深刻な人手不足に見舞われています。

たしかにＡＩ化は今後、目覚ましい勢いで世の中を席巻するでしょうが、物事には必ずウラや隙間があるもので、真実や価値観はひとつとは限らないのです。大きな〝流れ〟の変化は見極める必要がありますが、**ちょっと目先を変えるだけで読解した結果は違ったものになる**ということです。

大切なのは、**目の前にある情報に一喜一憂しない**ことです。さまざまな情報に対して広範囲にアンテナを張って、それらを積極的に獲得していけばいいのです。

19

誰でも最短でポイントがつかめる〝拾い読み〟のコツ

通勤途中や移動時間を使って、スマホを利用してネットのニュースや気になる記事を読む人は多いでしょう。

ネットでニュースを読む場合は、膨大な記事の中から見出しだけを見て気になる情報だけを抜き出して読んでいくことが多いと思います。ニュースの順番を意識するということはあまりないのではないでしょうか。

ネットニュースを読む場合の問題は、情報が気になるところに偏りがちになることと真贋が確かめにくいことですが、あくまでも情報収集の一部だと考えればかなり効率のいい方法です。

一般的に本を読む時は、目次から始まって順番にページをめくっていくものです。

しかし、時間をかけて1冊丸々目を通しても、すべての内容を覚えられるとは限りません。

そこで、「抜き出して読む」ネットニュースを読む時の手法を紙媒体の書籍や雑誌に応用して、速さと正確さのいいとこ取りを目指しましょう。

雑誌や書籍から得る情報なら、裏付けを取りやすいというメリットがあるうえ、専門的な分野を選ぶこともできます。広く浅くというイメージのネットニュースの読み方とは逆に、書籍や雑誌で行う抜き出し読みは、**幅広い情報収集ではなくピンポイントで知識を深める目的で行う**のです。

時間がない時は、新聞や雑誌、書籍をパラパラとみて、今日は1面だけとか1章だけなどと、読むところを抜き出します。そしてその部分をじっくりと理解できるまで読み込みます。すべてに目を通すのとは違い、**少ない部分に集中できるのでより深く理解することができる**ほか、記憶にも残りやすくなります。

情報化社会の現代では、新しい情報が目まぐるしく現れては消えていきます。情報収集にはスピード感が必要になり、すべてをじっくり精査する時間はありません。**量より質と割り切る**ことも時には必要なことなのです。

20
「大事なポイント」を最初に置くのがテキストの基本

より印象に残るわかりやすい説明のしかたとして、「先に結論を述べる」というものがあります。

ややこしい説明であるほど長くなるものなので、結論を最後に持ってくるとそこに行きつく前に読み手の集中力が途切れてしまいます。そのうえ、何より話の先が見えないので整理しながら聞くことが難しくなってしまいます。

結論を先に言うことで、聞き手は全体の筋道が見えやすくなり、聞きながら情報を整理しやすくなるのです。これは文章を読む時も同様で、**説明文であれば先に結論が書いてあることで読みやすさは格段にアップ**します。

「打ち合わせを負えて取引先から帰ろうとしたら、外は雨が降っていた。傘を持っていなかった私は急いでいたので雨宿りをすることもできずに駅に向かった。傘もないまま長い時間歩いたのでびしょぬれになってしまった。だから、駅ビルで新しい靴を買う羽目になった。それがこの靴だ」

読み進めると、いったいこの話は何が言いたいのかと感じないでしょうか。最後の部分を読んではじめて履いている靴の説明なのだとわかりますが、もしこの文章の冒頭が次のようになっていたらどうでしょう。

「これは今日買った靴だ。雨が降っていたが、傘を持っていなかった私は……」

このように変えることで、この文章は今日買った靴についての説明なのだと予測することができます。

結論を後回しにすると、読む側は話の流れを予測できません。読んでいる部分が結論にどのように結びついていくのかわからないので、1回読んだあとでもう一度読み直して検証するといった作業が必要になるのです。その点、結論や言いたいことが先にあれば、話の筋を順を追って説明していくので一度読めば理解できます。

ビジネスシーンではたいていの場合、なぞかけもサプライズも必要ありません。**わかりやすく、読み手に配慮した文章が大前提**です。

21

自分の〝知識量〟によって、何を読むかを見極める

何かについて調べたり知識を得ようとする時、専門書などにあたることもあるでしょう。その際には、少しでも情報を多く得ようとしてより詳しい資料を選ぶのではないでしょうか。

しかし、あまり知識がない状態で難しいものを読んでも、内容は頭に入ってきません。なかなかページも読み進まないうえ、せっかく読み通しても今一つ内容が頭に入らなかったということになってしまいます。

その原因は**「専門用語がわからない」**ということが大きいでしょう。経済関係の資料にしても医学書にしても、使われている言葉自体が専門的だったり、難しかったりします。

ありがちなのは、横文字で表される専門用語の意味が不確かな場合です。身近なビ

ジネス用語でも、アサイン、アジェンダ、エスカレーションなど多くの横文字が氾濫していますが、その意味を正確に理解できていないことも案外あるものです。

それが、経済や医学などの専門分野となれば、使われている用語がわからないのは当然のことです。

また、政治や国際情勢などはその背景を知らないとちんぷんかんぷんということもあるでしょう。わからないことが出てくるたびにいちいち止まってしまっていてはなかなか読み進めることはできません。

わからない言葉は辞書を引けばいいのですが、そもそも**専門的な資料は、まず自分の知識レベルにあったものを選ぶべき**なのです。それを読んである程度の知識を得たうえで、より詳しいものにチャレンジします。

一見すると遠回りに思えますが、そうすることで**少しずつ知識が上乗せされていくのでつっかえることもなくなり、スムーズに読み進めることができる**のです。

何事も背伸びは禁物です。**どんな分野でも身の丈に合ったものを選ぶのが最善の策**といえるでしょう。

22 「文章を画像でイメージできるか」で理解度をチェック

当然のことながら文章はすべて文字で書かれています。文字を読めてその言葉の意味がわかれば、誰でも文章を読むことができます。

しかし、文章を読めるということと文章の内容を理解することは違います。単純に**文字が追えるだけでは、書かれていることをただ見ているだけで本当に理解したとはいえない**のです。

自分がその文章を理解しているかどうかを確認するには、その**内容が画像としてイメージできるか**を考えてみればいいでしょう。

絵を描くということは、細部に至るまで色や形、配置なども含めて具体的にイメージできていることが必要です。漠然と思い浮かべているだけではそれを写し取ることはできません。

物語なら、映画やドラマのようにそのシーンを思い描いてみます。**具体的に情景を描写することができれば、理解できている**ことになるはずです。

また、論説文ならグラフや図式として思い描いてみてください。細かいところまでイメージできればかなり理解したとみていいでしょう。

さらに、理解を深めるためには、**イメージした画像を他の人に説明できれば完璧**です。説明するには映像をさらに具体的に言葉にする必要があります。文章を読んでいない相手にもわかりやすく説明することができれば、内容を完全に把握しているということができるでしょう。

何となく読み流してわかったつもりになっていたことでも、いざ画像としてイメージしようとすると細部への理解が足りていなかったり、矛盾が生じてしまったりすることもあると思います。その部分が補強できれば、より正確に文章を読み解くことができたということになります。

文章を画像としてイメージできるかどうかというのは、自分の理解度を試す試金石になるのです。

23

ひとりで読みきれないなら、他人の力を上手に使う

近年、中高生を中心に取り入れられているのが、**「ビブリオバトル」**という読書教育法です。ビブリオバトルは、それぞれが選んだ本について推薦文を書き、それを発表し合って評価を競うというものです。

ひとりで本を読むだけでは誰かと感想を話し合うという場面はあまりありません。その点、**ビブリオバトルでは自分の感想を伝えるだけでなく、ほかの人の反応に触れることで思わぬ切り口に気づく**こともできるのです。

ビジネスパーソンにとってもこのやり方は有効です。文章を読んだら、他の人と感想を共有したり、意見を交換することでより深く考え、理解することができます。

また、どうしても理解する必要があるけれど、それが苦手な分野だったり、なかなか気が乗らないというケースでもこの方法が力を発揮します。

まず、該当する資料をグループの人数分用意します。いつまでに読み終えるか締め切りを決め、感想や疑問点などを持ち寄るのです。もし時間が足りない時は、章ごとに担当を振り分けてもいいでしょう。

それぞれが持ち寄った意見を出し合って、話し合いを持ちます。「仕事だ」と構えて肩ひじ張らずに、コーヒーを飲みながらといった気軽な場を設けたほうが活発な意見は出やすくなります。

ひとりで読んでいても気づかなかった観点や思いもよらなかった斬新な切り口など、必ず成果があるでしょう。気乗りしない作業がいつの間にか楽しく有意義なものに変わっているはずです。

本を読み、意見を持つだけでなく、その読後感や意見などを発表すればそこから先は有意義に展開していきます。意見を交わし、批評し合うことで自分の意見もブラッシュアップできるのです。

情報はインプットするだけでなく、アウトプットしてこそ自分のものになるというものです。

24

文章がなかなか頭に入ってこない時の3つの可能性

本を読んでいても今ひとつ理解できない時や、なかなか頭に入ってこないことがあります。内容が難しすぎる場合を除けば、読み手のコンディションも大きく影響するでしょう。

たとえば疲れている時とか、ほかに気にかかることがある、空腹だ、そもそも本の内容に興味がないなどの理由が考えられます。

体調が理由の場合の対策としては、少し休息して疲れをとる、お茶を飲んだりして気分をリフレッシュする、軽食をとるなどの方法が有効でしょう。集中できない状態で無理に読み続けても、それ以上状況がよくなることはありません。

そんな時は、**思い切っていったん本から離れ、気分転換や疲れをとることに注力するる**のです。コンディションがよくなれば、集中力が復活して内容が頭に入ってくるようになるかもしれません。

しかし、少し休息を取ったくらいでは状況が変わらないなら**日を改めて読み始める**のも手でしょう。

一晩眠って起きたら、ウソのようにすんなり頭に入ることもあります。体が疲れている時は、脳も同じように疲れているのです。

また理解する以前に、内容に共感できないとか、つまらないと感じる場合は、本の選び方自体が間違っているのかもしれません。その場合は心理的な壁を自分でつくってしまい、素直に読み解くことが難しくなってしまいます。

趣味で読んでいるのであれば別の本を選び直せばいいのですが、仕事の資料づくりなどでどうしても必要な場合は、同じテーマで書かれている別の本を見つければいいでしょう。**著者や切り口が変われば、思いのほかスムーズに理解できる**こともあります。**本と人間にも相性というようなものがある**のです。

かたくなに今あるものにこだわる必要はありません。ビジネスでは結果がすべてです。そこに行きつくまでの道はひとつではないのです。

25

「言葉の意味は文脈で変わる」ことを忘れない

「文脈効果」というのは、同じ言葉でも前後の文章によって受け止められ方が変わったり、選ばれる言葉が決まってきてしまうというものです。

たとえて言うなら、同じ石でも町中の人が欲しがれば価値があるように感じ、庭先に捨ててあれば価値など感じられないというイメージです。

文章を読む時も、知らず知らずのうちにこの文脈効果の影響を受けていることがあるのです。

文脈効果は、マーケティングや広告業界で多用されるテクニックのひとつです。たとえば、スーパーの食品コーナーに「太陽が降り注ぐ南国沖縄」というコピーと一緒にパイナップルが陳列してあるとします。

パイナップル自体の味にはいっさい言及しなくても、客は「太陽が降り注ぐ南国沖縄」という言葉のイメージから、一緒に置かれたパイナップルの味にプラスの印象を持つのです。

また、夏休みのレジャーといえばプールや海、冬ならスキーや雪景色といったように、自然と出てくるイメージを創り出すのも文脈効果のひとつになります。プールや海やスキーというのは、「夏といえば～」「冬といえば～」という文脈の中で何となく導き出される言葉だからです。

広告業界に踊らされないようにするならば、言葉の前後にちりばめられたイメージにとらわれず、**物事の真価を見抜くために天の邪鬼でいいので批判的な目線が必要**です。

「○○だから××」という文脈には、「○○だから××である必要があるのか」という視点を持つようにしましょう。

とはいえ、文脈効果を読み解くことができれば、すなわちその効果を利用することにもつながっていきます。商品価値や会社の価値、仕事の実績など、**ちょっとした言葉選びの工夫で、その価値を何倍にも高めていくことができる**のです。

26

きちんと読むには、「論点のズレ」に注目する

長い文章の最初と最後で微妙なズレを感じたり、論点の矛盾が気になることがあります。

やっかいなことに、書いている本人は集中することで視野が狭くなっていて、このズレに気づきにくいのです。

この論点のズレをチェックしながら読むには、いくつかのポイントを意識するといいでしょう。

時間の経過、空間の認識、主観か客観か、目的や手段、肯定か否定かといったポイントに、文章を通してズレがないか確認するのです。

たとえば、主観的に書いたつもりが途中で第三者目線に変わり、最終的に主観に戻るというのは、読み手が混乱するだけでなく要点が何なのか伝わらない悪文といえる

でしょう。

また、過去の話をしていたと思ったら、いつの間にか未来の話になっていたら文のつながりに無理があります。肯定的に語られていたはずなのに、結論としては否定的な意見を述べるなどというのも読む人にとってはストレスになります。

もし自分が書き手で、論点のズレをチェックするなら、**文章を書き終えてからいったん時間を置き、もう一度最初から目を通してみる**とよいでしょう。書き終わってすぐよりも時間が経ってからのほうが冷静に読むことができます。一晩置いて翌日読み直すくらいでちょうどいいでしょう。

読み手として文章に接するのであれば、書き手が「論点のズレ」をそのままにしていないか、批判的な目線で検証してみましょう。

27

文末表現は、書き手の“自信度”を見抜く手がかり

文末の表現にはさまざまなものがあります。文の最後にどんな言葉を選ぶかということが、書き手の思いや情報の正確さを知る道しるべになります。

そこで、次の文章を読み比べてみてください。

①「彼らは到着している」
②「彼らは到着しているはずだ」
③「彼らは到着しているらしい」
④「彼らは到着しているかもしれない」

違いは文末の言葉だけですが、文章全体から受けるイメージはまったく変わってしまいます。

大雑把にいうと、①ははっきりと言い切っていて、②はある程度の確信を持って推

測し、③は伝聞、④は不確実な可能性を語っているということがいえます。

文末の言葉ひとつで、これだけニュアンスを変えられるのが日本語のおもしろさである一方、最後まで読まないと正確なニュアンスが判明しないというのが難点だともいえるでしょう。

また、**文末表現を意図的にあいまいにすることで逃げ道をつくったり、逆に断言して信頼性を高めたりと、書き手の意図を色濃く反映する**部分でもあります。

読み手は無意識にそのニュアンスに左右されてしまうのですが、あまりにも自信たっぷりに断言し続けても、またあいまいな表現でごまかしたつもりでも、そこにうさん臭さがにじみ出るものです。**文章を書く場合は、やり過ぎないように注意する**ことが必要です。

読み手の立場であれば文末を先にチェックしておくと、その文章がどれほど裏付けのある自信や正確さを持って書かれているのかを知ることができます。

書き手の思いだけを信じるのは禁物ですが、文章を理解するためには効率のいいテクニックだといえます。

Step3

ビジネスパーソンが、最短で結果を出す読み方

28 読みやすい文章かどうかは「動詞」の扱いで決まる

本を読むのがどうも苦手だという人は、わかりやすい文章で書かれている本を選ぶことから始めてみるといいでしょう。

わかりやすい文章の特徴のひとつとしては、名詞に対する「動詞」の比率が高いことが挙げられます。次の2つの文章を比べてみてください。

A　複数のネットワークの連動が起こった。

B　複数のネットワークが連動した。

どちらの文章がわかりやすいと感じますか。Bのほうがすんなりと理解できるはずです。

Aは中心的な動きである「連動」を名詞で表現しているため、「複数」「ネットワーク」「連動」という3つの名詞が文中に入っています。動詞は「起こった」のひとつで、名詞と動詞の比率は３：１です。

一方のＢは、名詞が「複数」「ネットワーク」のふたつで、動詞は「連動した」のひとつで、名詞と動詞の比率は２：１になります。

名詞に対する動詞の比率が高いと、動詞がより目立ってわかりやすい文章になるわけです。

同じように、「地元チームが全国大会で勝利を収めた」と「地元チームが全国大会で勝った」では、後者のほうが読みやすいと感じるでしょう。

「勝利を収めた」という表現のほうが「勝った」より知的な文章に思えるかもしれません。しかし、読みやすさの点でいえば、動きに関する言葉は名詞として使わずに「連動した」「勝った」と単純に動詞で表現したほうがわかりやすいのです。

ですから、動詞が名詞化している文章を読む時には、自分で「勝利を獲得した↓勝ったという意味だな」と、**動詞に置き換えてみる**と読みやすくなります。

本を選ぶ時には名詞に対する動詞の比率を確認してみるとよりわかりやすい文章の本を選べるでしょう。

29

読んでいて〝？〟になったら、いつでもタイトルに戻る

本を選ぶ時に **「タイトル」** を参考にするという人は多いでしょう。

たとえば、書店で戦国時代についての本を探すとしても、武将からはじまって戦術、城、武器、生活様式の本まで、さまざまな関連書籍があります。

その中から「これが読みたい！」と手に取るのは、まずタイトルが自分の興味や関心をひくものであるはずです。この時代の戦術について知りたい人は『戦国期の農業』という本よりも『戦国時代の戦術』という本を選ぶでしょう。

なぜなら、誰もが本のタイトルはその内容をズバリ紹介しているものだと知っているからです。

タイトルにはその本で取り上げるテーマや筆者の考察や主張、結論やまとめなどが表わされています。いわば **「本の目的＝ゴール地点」** のようなものです。

ですから、読書をする時には、**本のタイトルを意識しながら読む**と格段に理解しやすくなります。

ゴールを意識せずにやみくもに歩くより、あそこがゴール地点だとしっかり意識しながら歩くほうが道に迷わずにすむというわけです。

読み進めていくうちに本題からずれたテーマが出てきても、「この章の内容は一見タイトルと関係ないように見えるけれど、最終的にはタイトル＝ゴール地点に辿り着くはずだ」と考えれば、落ち着いて読むことができます。

たとえば、戦国時代の戦術について書かれた本の中で、農業について語られている章が出てきた場合でも「農民でも戦が始まると兵士として駆り出されたんだな。この章もいずれ戦術の話につながっていくにちがいない」と、タイトルを意識することで著者の意図も理解しやすくなります。

本のテーマはタイトルに集約されています。このことを常に念頭に置いて読んでいけば、本文が途中でどんなに脇道にそれたとしても混乱せずに読解することができるのです。

30

どんな文章にも共通する〝骨組み〟を見逃すな

いざ読書をしようとして本を開いても、長い文章を目にしたとたん「最後まで読めるだろうか」と不安になることがあります。

こういう時は、1冊を**「3部構造」で把握して読む**ことをおすすめします。

文章の構成は多くの場合、「前文」「本文」「後文」の3部に分かれています。簡単にいえば、**「はじめ」「中」「おわり」に分けて考える**ということです。

前文は「はじめ」にあたる部分です。いわゆる「つかみ」で、読者が興味や疑問を強く感じるように工夫してあり、本文まで引っ張っていく役割をしています。

説明文の場合だと、このはじめの部分でどのようなテーマを取り上げるのかという問題提示をします。この問題提示は「なぜ子供にとって読書は必要なのか」など、問いの形で提示されていることがほとんどなので、**問いの部分に注目して読み進めると**

その章のテーマを見つける手がかりになるでしょう。

次は本文で、文章の「中」に当たる部分です。ここでは、前文で提示された問題について実例を挙げるなどして理由を詳しく説明して論点をあぶり出していきます。

ただ、本文は文章量がもっとも多い箇所なので、**何も意識せずに読んでいると途中でつまずく**ことがあります。

そうならないためには、**本文をいくつかの〝かたまり〟に分けて捉える**ことです。

先ほどの例でいえば、①読書量が多い子供は国語だけでなく算数の成績もいい、②読む力だけでなく書く力も身につく、③コミュニケーション能力が高まる…など、理由や根拠をいくつかのかたまりにして捉えると読み解きやすくなります。

最後の後文は「おわり」の部分です。ここには全体を包括する結論やまとめ、著者がもっとも主張したいことなどが書かれています。

このように文章を3部に分けて前文・本文・後文それぞれの役割を理解することで、単なる言葉の羅列のように見えていた文章も意識的に何が書いてあるのか読み解けるようになってきます。

31

「接続詞」は文章の流れをつかむ〝羅針盤〟

文章を読む時にできるだけ注目してほしいのが「接続詞」です。

なぜなら**接続詞は文章における〝道しるべ〟**の役割を果たしています。くねくねと曲がりくねった道でも、この言葉を辿っていけば迷わずに進むことができます。

たとえば次の2つの文章を見れば、そのことがよくわかります。

A　子供を思う親の気持ちはすばらしい。

B　子供を思う親の気持ちはすばらしい。しかし、その思いが強すぎると子供には負担になることがある。

AとBの文章は途中まで同じですが、Aでは親の気持ちが「すばらしい」ことを強調していて、Bではそれが「負担になる」ことを主張しています。

2つの文章はメッセージが大きく異なりますが、これはBの文章が「しかし」を用いて前の内容の一部を否定し、話の方向転換をしたためです。

「しかし」は、反対意見や対照的なこと、限定を示す時に使われる接続詞です。この「しかし」に注目することで、そのあとには反対意見が述べられるな、この先で話の進む方向が変わるな、と予想することができるのです。

ひとつの言葉から先にくる文章を予想できると、著者のメッセージを間違えることがなくなり読書はグンと楽になります。

たとえば、次の2つの文章を読み比べてみてください。

C　私には夢があります。だから、仕事を続けます。

D　私には夢があります。しかし、仕事を続けます。

結果を示す接続詞である「だから」を使ったCは「夢を叶えるために仕事を続ける」という意味に受け取れ、「しかし」を使ったDは「夢はあるけれど、働かなくてはいけないから仕事を続ける」という意味に受け取れます。

接続詞は**読者が理解しやすいように文章の行先を示してくれる**ものです。**意識して注目することで、複雑な文章も迷うことなく読み進められるようになる**でしょう。

32
「だから」を手がかりに、文章の説得力を瞬時に見抜く

前項で触れたように、文章を読む時に、手掛かりになるもののひとつが接続詞です。順接や逆接といった接続詞に込められた意味合いは、文章の中に隠された目印のようにその前後の関係を読み手に示してくれます。

論説文の多くは、根拠を述べた後に結論がくるパターンが使われています。**根拠と結論の間は、順接の接続詞が結んでいることが多い**のです。

なかでもよく使われる順接の接続詞の代表格は**「だから」**です。「今日は雨が降りそう。だから、傘を持っていく」という文章をみてみましょう。

「雨が降りそう」という根拠と、「傘を持っていく」という結論の間を「だから」が結びつけています。これはごく自然に納得できる流れになっています。

たいていの場合、「だから」で結ばれた前後の文脈はすんなりと理解できるはずで

す。ひっかかることなく、スムーズに**理解できるということは、その根拠と結論に矛盾がない**文章といえるのです。

それ以外の**接続詞も、もちろん文章読解の道しるべ**になります。理由を示す「なぜなら」「というのは」、反論を示す「しかし」「ところが」、並列や付加を示す「さらに」「加えて」、対比や選択を示す「または」「もしくは」などさまざまな用途のものがあります。

知れば知るほど読み解く目印は多くなっていくはずです。

接続詞の性質を理解し、その意味を意識しながら読み進めれば読み取りが格段にスムーズになるのです。

33

忙しい人は避けて通れない“いつ読むか”の問題

できれば毎日読書をしたいと思っているけれど時間がなかったり、仕事のあとで疲れて集中できなかったり…。そういう人におすすめなのが「朝」の読書です。

朝はもっとも読書に効果的な時間帯だといわれています。

その理由は、脳が睡眠をしたことでしっかりと休息をとっていてリフレッシュしているからです。前日の仕事の疲れがとれて、やる気も出て集中力も高まっている最高の時間帯というわけです。

仕事から帰宅した夜に1時間読書するのと、朝起きてからすぐに1時間読書するのとでは、同じ1時間でも読書の質やスピードが俄然違ってくるのです。

特に、ビジネス書など仕事についての知識を深め、意欲を高めるような本は朝の読書が適しています。

これは、**朝のほうが脳の中が整理されている**状態だからです。スッキリとした状態の脳に、**効率的に情報や知識をインプットできるので学習効果がグンと高まる**というわけです。

また、朝の読書によって交感神経の働きが活発になるので、出勤してからも活動的に仕事に取り組めるというメリットもあります。

ですから、早起きは苦手だという人も試しにいつもより1時間早く起きて読書してみることです。起きてすぐはボーッとして頭が働かないという場合は、就寝時間を1時間早めてみるのもいいでしょう。

夜は飲み会のお誘いがあったり、読書をしていても途中で電話が入ったりと読書の妨げになることも多いものですが、早朝はそういった邪魔が入ることが少ない貴重な時間帯です。気持ちに余裕を持って落ち着いて読書ができるはずです。

それでも**早起きは無理という人は、朝の通勤電車の中や駅のホームで読書をする**のも手です。たとえ数分間でも続けることが大切です。毎朝の読書の積み重ねが「読む力」の育成につながっていきます。

34 「二重否定」を読み流してしまうと"大ケガ"する

読書をしていて、一瞬「この文、肯定？　それとも否定？」と戸惑ってしまう場合があります。たとえば、

・A子とB男の結婚の話を聞いて、C氏が喜ばないわけがなかった。

という文章がそうです。この文章でC氏は喜んだのでしょうか、それとも喜んでいないのでしょうか。

一見すると否定の文章のように見えますが、これは「C氏が喜ばない理由がどこにあるの？　まったくないでしょ？　喜ぶに決まっているでしょ」という肯定を表しています。ですから「C氏は喜んだ」が正解なのです。

読み手が戸惑ってしまうのは、この文章が「二重否定」になっているからです。「喜ばない」という否定を、さらに「わけがない」と二重に否定しているので読みに

くいわけです。

二重否定は肯定を強調したり、婉曲に肯定したりする表現として使われます。

さきほどの文章でいえば、「A子とB男の結婚の話を聞いて、C氏は喜んだ」とストレートに表現するよりも、もっと大いに喜んだという強調するニュアンスが含まれています。

ほかにも、「いい子にしていれば、おもちゃを買ってあげないということもない」という会話も「～ない、～ない」の二重否定です。

「いい子にしていれば、おもちゃを買ってあげるよ」と肯定文で同じ意味を表すよりも、二重否定を使うことであいまいな約束になっています。

ほかにも「このロジックを理解できないこともない」「明日は仕事ですが、時間がないわけではない」など、二重否定の表現は往々にして出てきます。

読み間違えると正反対の意味になってしまうため、**二重否定が出てきたら正確に読み取る**ことが必要です。

35

〝視点〟を気にしながら読むと、文章はもっとわかる

物語文を読む時に気をつけたいのが、誰の視点で眺めている物語なのかということです。

物語文は一人称か三人称で語られます。一人称の場合は、登場人物が「私は〜した」「ぼくは〜と思った」など、一人称の視点で語ります。

たとえば、「ぼくは幼い頃に家族で住んでいた家の前までやって来た。賑やかに暮らしていた当時を思い出し、懐かしさと切なさに胸が締めつけられた」など、一人称の文は「ぼく」の心情がよくわかり、臨場感があるのが特徴です。

ただし、「ぼく」を中心としている視点のため、「ぼく」が見ていない場面や「ぼく」が知らないことについては語られません。

一方、三人称の場合は、第三者の視点で物語が語られます。主人公を含め、登場人

物が外側から描かれるのが特徴で、「伊藤は～した」「彼女は～だった」など名前や代名詞が使われます。

たとえば、「雄一は幼い頃に家族で住んでいた家の前までやって来た。当時を思い出すかのように、懐かしげな表情でしばらくそこに佇んでいた」というように、客観的に描かれます。

ただし、常に客観的というわけではなく主人公が三人称で描かれている作品でも、「岡田は疲れた様子で立ち上がった。これ以上ここにいるのは無意味だと思ったのだ」など、一人称に近い三人称で登場人物の心情が描かれることも少なくありません。

また、物語によっては三人称で複数の人物の視点から描かれることもありますし、一人称と三人称が混じることもあります。

誰の視点から描かれているのかをしっかりと見極めながら読み進めましょう。

36

“読み”のプロは「が」と「は」の違いに目が届く

A　空は青いです。

B　空が青いです。

この2つの例文は、助詞の「は」と「が」が違っているだけです。

英語ではどちらもSky is blue. で表せる文章ですが、**日本語では「は」と「が」の違いで微妙に意味合いが変わってきます**。いったい何が違うのでしょうか。

「は」は、何についてのことかを示す助詞で、客観的な視点の文章が多いのが特徴です。たとえば、「空は何色ですか?」という質問に「空が青いです」とは答えません。誰でも知っている客観的な事実なので「空は青いです」と答えるのです。

ほかにも、「は」は他と区別して取り上げる時にも使います。「雲は白いけれど、空は青いです」のように表現します。

一方、「が」はひとつの事柄を強く主張するなど、主観的な視点でとらえた文章が多いのが特徴です。たとえば、「(最近は雨や曇りの日が続いたけれど、今日は）空が青いですね」というニュアンスになります。

また、「は」と「が」には次のようなニュアンスの違いもあります。

C　佐藤さんはチョコレートケーキを食べました。

D　佐藤さんがチョコレートケーキを食べました。

Cは「佐藤さんは何をしていましたか？」や「佐藤さんは何を食べましたか？」という「佐藤さん」に対する質問の答えになっています。

一方のDは、「チョコレートケーキを食べたのは誰ですか？」という質問に対する答えとなり、「チョコレートケーキは佐藤さんが食べました」と言い換えることもできます。Dはチョコレートケーキについての質問の答えなのです。

あまり意識せずに読んでしまう「は」と「が」ですが、きちんと**認識しながら読むと著者のメッセージが違って見えてくる**はずです。「ここはあえて〝が〟を使った文章にしたんだな」と考えながら読むことで読解力をみがくこともできるでしょう。

37

「もちろん」は、後から「逆説」につながるサイン

本を最初から最後まで、一言一句漏らさず熟読しなくてはいけないと思い込んでいませんか。

もちろん、そういう読み方が大切な時もあります。しかし、それではあまり重要でない情報までインプットしてしまい、読書の効率が悪くなります。1冊を読破するのに何日もかかることになってしまうでしょう。

必要な情報だけを吸収したい場合には、どの情報が重要で、どの情報が不要かを取捨選択するテクニックが必要になってきます。

そのテクニックのひとつに、**譲歩と逆接の文に注目する**方法があります。

これは自分の主張を抑えて相手に妥協する「譲歩」の文のあとに、「〜だが」「しかし」などの逆接の接続詞でつないで「もちろんAだが、Bである」や「確かにAが一

般的だ。しかしBである」のように書かれた文章です。

この例だと、「もちろんAだが」や「確かにAが一般的だ」が譲歩に当たる部分です。筆者が「Aっていうのは自分の意見とは違うけれど、Aみたいな意見や立場があることもちゃんとわかっていますよ」と譲歩の姿勢を示しているのです。

そして、そのあとに逆接の接続詞を使って「～だが、Bである」「しかしBである」と、本当に筆者が主張したいBを示しています。「ある程度はAも理解できるけれど、しかし筆者の意見としてはBなんです」と主張しているわけです。

つまり、重要なのは後半の部分で、「～だが」「しかし」のあとの文章にさえ注目すれば、その前の譲歩の文はそれほど重要ではないということです。

譲歩の文が長い場合もあるので、そこにひっかかってしまうと「ん？　筆者はAを主張したいのかな」と勘違いしてしまうこともあります。ですから、**譲歩と逆接の文を見つけたら譲歩の文はさらっと読み流してしまう**ほうが効率的です。

一方、**逆接以降の内容は重要度が高いことが多いので、赤線を引くなどしてじっくり読み解く**といいでしょう。

38

書くように読めば、筋道立てて考えられる

料理のレシピをいくら真剣に読んでも、読んでいるだけではしっくり理解できないものです。実際に作ってみてはじめて、細かいところまで腑に落ちることが少なくありません。やってみるということは理解を深めるのに非常に役立ちます。同じように文章を理解したいと思ったら、実際に書いてみるのも手なのです。

とはいっても、すでに書かれている文章の場合は**「書くように読む」**のがいいでしょう。書き手の主張や気になる部分を見つけたら、**「自分だったらどうつなげるか」「これを裏付ける根拠はどこから持ってくるか」と考えながら読む**のです。

自分が書くとしたらという意識で読むと、読み流していたところも細かく読み込むことになります。過不足なく正確に理解していなければ、文章を書き直すことはできないからです。

そのためには段落や章をいったんバラバラにしてみたり、文章の順番を入れ替えてみたり、まったく違う結論を導けるかどうか考えてみるなど自由な発想で試してみてください。

外側から眺めているだけでは、本当の姿が見えないこともあります。**分解してバラバラにし、また組み立て直す作業をすることで、よりいっそう内容を理解することができる**でしょう。

具体的なやり方としては、資料の中の大切な部分をコピーして線を引いたりハサミで切り分けたりすれば、視覚的にもわかりやすくなり作業が進みます。

コピーなら書き込みをすることもできます。目で追うだけでなく、手先を動かすことで難しい内容も頭に入りやすくなるでしょう。

その結果として出来上がった文章は、誰に見せるわけでも発表するわけでもありません。その道の権威が書いたものであっても、好きなように書き直すことができます。

そうすることで理解が深まるだけでなく、自分なりの意見を構築することができるのです。

Step4

インプットだけでは終わらせないプロの読み方

39

筆者の意見を受け止めるコツ、"料理"するコツ

この文章に何が書かれているのか、そして筆者は何を言おうとしているのかなど、客観的な視点で文章が読めるようになったら、今度はそれに対する「自分の意見」を形づくってみましょう。

読解力が養われてくると、ただ文章を目で追っているのではなく、文の仕組みや著者の意図などにも着目できるようになってきます。すると、読んでいる最中にも自分の意見がいろいろと浮かんでくるはずです。

そうなると、ある事実に対して筆者が「こうだ」と結論づけていることに納得できることもあれば、違和感を覚えることもあります。そういう箇所があれば、**なぜ納得できるのか、なぜ違和感があるのかを考えてみる**のです。

たとえば、「日本の人口減少は深刻で、2060年には全人口は8000万人にな

る」とあり、「これは不幸なことだ」と結論づけてあったとしましょう。

それを、自分が知っている情報、生活や仕事での実感などと照らし合わせてみて、「たしかにそうだ」と思ったら、その後に続けて「なぜなら」と考えてみます。

逆に「そうだろうか？」と疑問を抱いた場合も、続けて「なぜなら」と考えてみます。自分が知っているデータや情報、現実の問題など**「なぜなら」の元になることをイメージしてみる**のです。

そしてその後、さらに「これは不幸なことだ」という著者の主張に賛同できるかどうかも考えてみます。

すると、「人口減少で若い働き手が減り、インフラ整備もままならなくなり、国力が下がる」と「人口減少＝不幸」だと納得することもあるでしょう。

または、「たしかにこのままでは人口は減り続けるが、それを前提にした新しい社会ができるかもしれない。それは、けっして不幸ではない」と考える人もいるでしょう。

このように、**さまざまな意見や事実に接しながら自分の意見を形成する**ことで、読解力をさらに研ぎ澄ますことができるのです。

40 自分にとって「気持ちのいい情報」こそ疑え

政治関連のニュースなどを見ていると、同じニュースを取り扱っているにもかかわらず、メディアによっては論調が正反対ということがよくあります。

ある新聞では国会で論争になっている問題を「政権が崩壊してもおかしくない由々しき問題」と報じているのに、ネットメディアでは「問題ないのに野党がいつまでも追及しているだけ」などと書いてあったりします。

このような異なる論調の記事があったら、まずは自分の考えに近いほうを選んで読んでしまいがちです。

そして、「ほら、やっぱりそうだ」と溜飲を下げ、さらに自分の意見と異なるほうを読んで「それは違うだろう」と毒づいたりします。人は、自分の意見を補強したり、肯定してくれるもののほうが読んでいて気分がいいのです。

だからといって**読んで気分がいい情報ばかりを追っていると、視野が狭まってしまう**のはいうまでもありません。

そこで、自分とは異なる意見を持つ著者の文章を読んでみましょう。その際には、**なぜこのような論調になるのかと常に考えるようにする**のです。

著者についてネットで検索してみれば、その著者のスタンスや当事者との関係、主張の根拠となっている過去の記事なども見つかるかもしれません。

とにかく、さまざまな要素について調べ上げていけば、だんだんと問題の骨格が浮かび上がってきます。

なかには、人心をある方向に誘導しようとする巧妙なフェイクニュースが混じっていることもありますが、それも異なった主張があることを知っていれば騙されずにすみます。

注意すべきは、答えはひとつしかないと断言する記事や、臆面もなく物事を断定している話を鵜呑みにすることです。自分が正論だと感じる一点だけに視点を集中させるのではなく、**多方面からフォーカス**していくことが重要なのです。

41

結局、読んだ価値はアウトプットで決まる①

「もっといい人生を送りたい…」と思いながら、変わり映えしない生活を送っている人にはある共通点があるといいます。

それは**「行動しない」**ということです。

もっといい生活、もっと幸せな人生を送りたいと夢見てさまざまなノウハウ本を読んだりセミナーに行くなど、知識だけはせっせと蓄えているのですが、その知識を生かして行動をしないためにいつまでも同じところでとどまっている。そんな、**知識のインプットだけで終わっている**人は少なくありません。

同じように、日々のネットニュースや新聞記事をたくさんチェックしているのに、自分の意見がない人も、やはりインプットだけで終わっていることが原因です。

もちろんたくさんの知識を得ることは必要ですが、そこでストップしてしまうとさまざまな著者の考えの寄せ集めで頭がいっぱいになっているだけで、確固たる自分の意見が立ち上がってこないのです。

たとえば子供の貧困問題を見聞きして、かわいそうだ、どうにかならないものかと思う人はたくさんいます。

しかし、多くの人は思うだけでなかなか行動に移せません。でも、なかにはいてもたってもいられずに行動を起こし、子供食堂を開くなどして実際に支援に乗り出す人もいます。

第三者のレポートを通して得た情報と、自らが動いて得た情報とでは質と説得力がまったく異なるものになるでしょう。

自分の考えにたしかな裏付けがほしいと思ったら、些細なことでもいいから行動してみることです。

42

結局、読んだ価値はアウトプットで決まる②

ファストファッションや100円均一ショップなどで何でも安く手に入る時代ですが、新刊の本だけはあまりデフレの影響を受けていないのが現実です。

でも、だからこそ「これは！」という本に出会ったら、すべてを読みつくすくらいの気持ちで読んでもらいたいものです。

そして、そんな時におすすめなのが**アウトプットすることを前提として読む**ことです。

つまり、本に書いてあるさまざまなノウハウを自分の実際の仕事や実生活に落とし込みながら読み進めていくのです。

たとえば、「売れるＰＯＰの書き方」という項目があったとしましょう。これをただ感心しながら読むのではなく、自分の仕事であればどういうふうに活用できるかを考えます。

ＰＯＰをつくる機会のない仕事であれば、企画書の見せ方に応用したり、ホームページの商品説明に生かすなどが考えられます。

あるいは、この表現方法はプライベートなブログでも使えるなどという発見もあるでしょう。

このように**自分の仕事や実生活とリンクさせ、本を読んだ後には必ず行動することを前提に読む**と、情報に対する感度は格段に高まるのです。

もちろん、読みながら実際の仕事などにどう生かすかを考えているので独自のアイデアも湧いてきます。

そして、それらは自分のオリジナルとなり、今後のチャレンジに生かされていくことになるのです。

読書を単なるインプットだけで終わらせたくないなら、本を読む時には行動することを前提に、そして浮かんだアイデアを忘れないようにしっかりメモをしておきましょう。

43

新たなジャンルを開拓して、次のステップに進む

ベストセラーになった本は多くの人が読んでいるのだから、きっと誰もが読みやすい内容なのだろうと思い買ってみたのに、まったく歯が立たず読みきれなかったという経験をしたことはないでしょうか。

２０１４年にトマ・ピケティの『21世紀の資本』が世界的ベストセラーとなり、日本語訳も発売されて話題になりましたが、６００ページにおよぶこの経済書を読破した人はそれほど多くはなかったようです。

難しい本を読む時は、辞書を片手に数ページずつ読み進んでいくスローリーディングで時間をかけて読み切ることも可能ですが、それを成し遂げるのにはかなりの根気がいります。

そこで、今は無理だけどいずれはこのような難解な書物を読んでみたいと思うなら、

まずは**自分の力量にあった本をたくさん読む**ことからはじめてみるといいでしょう。

青春小説や推理小説、アクション小説でもかまいません。とにかく、自分が楽しいと思える本を多読するのです。

すると、読むスピードが速くなることはもちろん、少しずつ知識も増えてくるのでもう少し難しい本を読んでみたいと思えるようになってきます。

今読んでいるジャンルの本に飽きてきたら、新しいジャンルにチャレンジする時期です。フィクションだけでなくルポや論文など、今まで敬遠していた分野にも挑戦したくなってくるでしょう。

そのようにステップアップすることで、以前だったら絶対に読めなかっただろうと思える本を深く理解しながら読破できるようになるのです。

たくさんの本を読むことで、世の中にはさまざまな考え方があり、生き方があることがわかり、その中で自分の存在について思いをめぐらすこともできます。

そうして、**自分の〝思い〟を徐々に醸成させていく**のです。

44 騙されないようにするには、「事実」かどうかでチェックする

「外国と違って日本には美しい四季があり、食べ物の旬があるから日本人の味覚は豊かだ」

これは、日本のよさをアピールする時などによく使われるうたい文句ではないでしょうか。

あまり深く考えずに聞けば、何となくそうなのかと思ってしまいがちですが、よく読んでみると「事実」と筆者の「考え」が混じっていて鵜呑みにできない文章だということがわかります。

たとえば、日本に四季があることは「事実」です。そして、食べ物の旬があることも「事実」です。

しかし、「外国と違って」という部分はおかしくないでしょうか。日本と同様にア

メリカにも四季はあるし、氷に閉ざされたイメージのあるロシアでも短いながら夏はやってきて海水浴も楽しめます。

もちろん、どの国の言葉にも四季を表す単語が存在しています。

また、日本人がみんな旬の食材を食べているかといえばそうではありません。１人暮らしで料理が苦手だから、ほとんど毎日コンビニで済ませているという人もいるはずです。

また、好き嫌いが多いから、季節に関係なくいつも食べたいものだけを食べているという人もいます。

だから、「日本人の味覚は豊か」だとは言い切れません。この結論は、著者の「考え」でしかないのです。

このように、よく考えてみると**ツッコミどころの多い、おかしな文章というのはあちこちで見かける**ことができます。

よく読んで、よく考えて、「本当にそうなのか？」と考えるクセをつけておくと、おかしな文章に騙されることもなくなるはずです。

45

「主張」はあっても「根拠」のない文章に近づいてはいけない

「だから〜である」という文章は、理由が述べられているのだから根拠があると思う人は多いようです。

しかし、そういう書き方がされているからといって必ずしも事実が述べられているわけではありません。

たとえば、「詰め込み教育を受けた世代に比べ、ゆとり世代は打たれ強くないために入社後3年以内の離職率が高い」「帰国子女は語学が堪能でTOEICの得点が高いから、日本企業への就職に有利だ」。

どちらの文章も、断言されると何の疑いもなく「そうなのか」と納得してしまいがちです。

しかし、入社3年以内の離職率については20年前から変わっていないし、帰国子女だからといってビジネスに必要な英語力を身につけているとも限りません。

このように一見、**因果関係のありそうな文章は、「本当にそうなのか?」と疑ってみる**必要があります。どんなに立派な言い分に見えても、根拠がなければ信用に値しないのです。

ところが、著名な人が発言したり、文章に書いたりしていると簡単に納得してしまう人は少なくないのです。そして、それがあたかも事実であるかのように拡散されていくのです。

世間で常識のように語られていることは、このようにして形づくられていったりするものなのです。

何となく〝それっぽい〟文章は、雑誌やテレビ、広告などあちらこちらにあふれています。**当たり前のように語られていることほど、本当なのか疑ってみたほうがいい**かもしれません。

46 書き手が主張したいことを見抜くには、「助詞」に注目せよ！

俗に**「てにをは」**と言われる助詞は、日本語の品詞のひとつであって、単独で文章の中に使われることはありません。

必ず、「ご飯　を　食べる」とか「母　が　来る」などというように名詞や動詞の間にあって、言葉の文法的な関係を表したりする役目があります。

しかも、文の意味を正しく伝えるためにも重要な役割を担っています。

食事が済んだことを伝えたいのに「ご飯　に　済んだ」や「ご飯　で　済んだ」ではまったく意味が通じません。

「ご飯　は　済んだ」なら一応意味は通じます。しかし、これだと食事をしただけでほかに何かあるという含みが感じられます。

ご飯は済んだけれど、後片づけか何かほかにやるべきことが終わっていないのかもしれません。

何を食べたいかと聞かれ、「カレーがいいです」というのと、「カレーでいいです」というのでは与える印象が違うのと同じです。

また、たった一語の助詞を変えることで伝わるイメージも変わってきます。

たとえば、子供が「野山で遊ぶ」だったら草原を走り回ったり、花を摘んだりしているような動的な情景を想像します。

これが「野山に遊ぶ」だったらどうでしょうか。自然を愛しみ、楽しんでいる様子を思い浮かべるのではないでしょうか。木の下で降り注ぐ木漏れ日を眺めていたり、目を閉じて風を感じているような静的なイメージも膨らみます。

このように**助詞の使い方ひとつでニュアンスが変わる**ことは、書き手は当然意識しています。

そこに込められた**わずかな空気感の違いがわかる**ようになれば、もっと文章を楽しむことができるようになるのです。

47

読んだ内容のアウトプットがもたらすもうひとつの効用

本を読んだり、人から伝授されて得た知識は、アウトプットすることで本物の知識になるといいます。

たしかに、料理などはアウトプットが大切です。料理本でレシピや作り方を知ったり、人からコツや手順を教えてもらったりしても、実際にやってみなければ実感として自分の中に残りません。

包丁の持ち方は知っていても、使い方はわからないというような状態であれば、それはきちんとした知識とはいえないのです。

しかし、料理などすぐに実践できるものならいいのですが、知識として得たものを全部が全部、実際にやってみることができるかというとそうではありません。

たとえば、宇宙の成り立ちを知ったからといって、その知識を使って何か実践してみる機会など、よほどの専門家でなければ一生ないといっていいでしょう。

ただ、このようなことも知識として知っておくと、他の情報と化学反応を起こしてオリジナルのアイデアが生まれることに役立ったりすることがあります。

偏りのないたくさんの知識を持っておくことで、世の中のさまざまなことに対する理解力も深まるのです。

そこで、新たに知ったことを知識として定着させるために「**書く**」**というアウトプット**を行います。

備忘録としてブログに書いたり、テーマごとにノートをつくり、そこにまとめていってもいいでしょう。文書を書き写したり、そこに自分の感想や気づきを書き加えたりすることで、知識を整理することができるからです。

アウトプットすれば、なぜ自分はこの文章に興味を持ったのかをきちんと理解した状態で記憶の中に知識が定着します。

そうして定着させることで将来にわたって使える知識になるのです。

48

思考が止まるような読み方をしてはいけない！

日本語には「寝食を忘れる」という表現がありますが、読書好きな人が面白い本に出会うと、まさに食事をとることも睡眠をとることも忘れ、徹夜で朝まで一気に読んでしまう…などというケースも珍しくないでしょう。

特に先が読めないミステリーや歴史モノの大作は、その物語の中にどっぷり入り込むことこそが醍醐味でもあるので、それ自体は否定しません。

ですが、たとえばビジネスの指南書や自己啓発系の本などに限っていえば、本の世界観にのめり込みすぎるのはおすすめできません。その理由は、**読んでいるうちに自分の考えや視点がどんどん失われてしまう**からです。

「ヒントを見つけよう」程度に気軽に手に取った本の中に、ひとつでも「これは！」と思うような目からウロコのヒントや答えを見つけると、いつの間にかその本に書いてあることがすべて正しいような気がしてくるものです。

ですが、ビジネス本や自己啓発系の本には著者の思考が大きく反映されています。そのうえ「今すぐ始めましょう」「誰でもできる」といった即効性のあるキャッチーな言葉が散りばめられているので、その気にもなりやすいのです。

だからといってそれを鵜呑みにしてしまうと自分の頭で考えることをやめてしまい、読み終える頃には本に書いてあることが自分の視点になってしまうのです。

このように、本の内容の是非にかかわらず**ページをめくるうちに思考を止めてしまうような読み方は危険**です。

どこかで**客観的な視点を持ちながら、常に自分はそれについてこれまでどのように考えていたかを意識しながら読む**ことが大切です。それでもなお、自分の中にストンと落ちてくる内容であれば、それこそがあなたが求めていた答えかもしれません。

疑ってかかれとまでは言いませんが、くれぐれもそこに書かれているのは「著者の考え」で、まだ自分の考えではないことをお忘れなく。

49

「話す」「読む」「書く」「聞く」の正しい関係

論理的思考がビジネスパーソンにとって必須のスキルといわれるのは、それがあるのとないのとでは自分の意見を述べた時の説得力がまったく違ってくるからです。

たとえば、業績アップを図るために最新機器を導入してほしいと訴えても、その最新機器が必要である根拠を示さなければ相手を説得することはできません。

また、職場環境を充実させるための要望を出したとしても、本当に問題解決になるのかどうかを客観的に説明できなくてはそれが受け入れられることは難しいでしょう。

どんな理由を用意すれば論証として成り立つのか。**主張と論拠となるものにしっかりとしたつながりがなければ、相手を論破することはできない**のです。

ところで、改めて論拠とは何なのでしょうか。辞書には「論証における根拠となるもの」とあります。

これは相手を説得する時にはもちろん、論文を書く際には特に意識しなくてはならないものです。いくら立派なことを論じていても、結論に至るまでの論証にほころびがあれば評価に値する論文とはいえません。

また、人の話を聞く時にも相手の主張と論拠が成立しているか聞き分けなくては、話がうまい相手に「何となくいい話だ」という気にさせられてしまうこともあります。

このように「話す」「書く」、そして「聞く」時にも、同じ論理的思考が大いに役立ってくれるのです。

ちなみに、主張と論拠が成立しているかどうかを聞き分ける訓練をするのにいい教材があります。それは、テレビで中継される謝罪や告発、釈明などの会見を見ることです。

何度も読み直せる文章とは違い、どんどん流れていく言葉の論理を瞬間的に読み解き、判断することが、ひいては「読解力」アップにも役立つでしょう。

50 内容があまりピンとこない時に役立つ推論のススメ

たくさんの本を読むと言語能力が高まるので、読解力アップに役立つのは確かですが、多読のメリットはそれだけではありません。

多くの知識を身につけると、「**精緻化推論**」で文章をより深く理解できるようになるのです。精緻化推論というのは、すでに自分が持っている情報で文章の中で説明されていないことを推論することです。

たとえば、軽妙なエッセイやコラムなどを読み、「なるほどな、おもしろかった」という読後感を得たとしましょう。しかし、その文章では固有名詞や登場人物、動きなどについて、すべて細かく説明されているわけではありません。

「道端の段ボール箱の中で生まれたての子犬が泣いていた。連れて帰ったはいいものの、いったい何を食べさせればいいのか、どこに寝かせればいいのかわからない」

という文章を読めば、この筆者は犬を飼ったことがないのだなと推論できます。

このように、**書かれていない情報の細かい部分を自然と穴埋めしながら私たちは内容を理解**しているのです。

しかし、推論が難しい文章もあります。

たとえば、第1次世界大戦中にスイスで起こった「**ダダイズム**」という芸術運動がありました。古い価値観に抵抗し、既成概念を否定しようと呼びかけたこの運動は世界中に飛び火し、この運動を信奉する芸術家らは「ダダイスト」と呼ばれました。

このことを知っているのと知らないのでは、以下の文の理解が異なります。

「中原中也はみつばのおひたしばかり食べていた。あるいは葱をきざんだものを水にさらして、ソースをかけて食べていた。自分ではこれくらいの調理しかできなかったとも言えるし、ダダイストをめざす意思が意図的に風変りな素食を志向させたという側面もある」『文人悪食』（嵐山光三郎）より

すでに持っている知識は多ければ多いほどいいのです。

51

記憶に残る読書をするには、まず「読み方」を変えなさい

わからないことがあったら、あの人に聞けばたいていのことは答えてくれるという物知りな人が、自分のまわりにひとりくらいはいるのではないでしょうか。

このような人のことを単純に、「あの人は頭がいいから」のひと言で片づけてしまい、自分には無理だと決めつける人もいたりしますが、じつはそうとも言い切れないのです。

なぜなら、**記憶力がいい人は情報を正確に記憶し、その情報を忘れないうちに使っている**ことがわかっているからです。

テストの勉強などをしているとわかるように、暗記しなければならない単語や語句、歴史の年表などは覚えたと思っていても一晩寝るとその中のいくつかは記憶の網からこぼれ落ちてしまいます。

読書をしていても、今まで知らなかった言葉やその解説がいったんは頭に入りますが、**何となく読んでいると読み終わった頃には記憶があやふやになっていたりする**ものです。

ところが、記憶力のいい人はまず読む時に、自分の体験やすでに知っていることと関連づけて正確に頭の中に取り込みます。**文字として覚えるのではなく、論理的に覚える**のです。

こうすれば、本に書いてある通りに丸暗記しているわけではないので記憶からこぼれ落ちる確率が減ります。

さらに、新たに記憶した知識を活用して人に話をしたり、さらに新しい本を読んだりするために情報が自分のものとして身につきます。

こうして新しい知識をどんどん吸収していくために、あの人は物知りだと一目置かれるようになるのです。

つまり、記憶に残る読書をするためには読み方を変え、それを積極的に使いこなすこと。そうすることで、思考力も同時に高めることができます。

Step5

思考力と発想力をモノにする読み方

52

イマジネーションの力——文字のない絵本に言葉を加える

絵本というと、その名の通り絵と文章で構成されている本ですが、なかにはストーリーを絵だけで表現した文字のない絵本があります。

なかでもよく知られているのが、１９７８年に日本語版が出版され、今では冬の絵本の定番となっているレイモンド・ブリッグズの『スノーマン』でしょう。

この絵本はのちにアニメーション化されますが、そのなかでも冒頭のナレーション以外の言葉はありません。

そんな**文字のない絵本は、発想力や思考力を養うのにぴったりの教材**です。

まずは**何度も最初から最後までページをめくり、全体のストーリーを理解**します。

そして、登場人物の少年と雪だるまがどのような会話をしているのかを想像してみるのです。

次に、作者が何を伝えたかったのかを考えます。

少年と雪だるまが大人を起こさないように遊ぶシーンや、少年の元に残された赤いマフラーは何を意味しているのかなど、自分で設問を設定して答えを探すのもいいでしょう。児童心理学の側面から紐解いていくのもおもしろいかもしれません。

また、この**ストーリーの続きを考えてみるのも思考力を磨く**ことになります。自由に発想してみましょう。

ところで、もっとシンプルなストーリーのない絵本もあります。

２００９年にアメリカで出版されたスージー・リーの『Wave』で、日本版は『なみ』というタイトルです。

こちらは海にやってきた小さな女の子と波との追いかけっこを描いた作品ですが、見開きページをうまく生かして情景が生き生きと描かれています。

国語のテストではないので正解はありません。自分が感じたまま言葉にしてみましょう。

53

理解する力――文章と映像の〝往復運動〟が役立つ

海外でも人気のある日本のアニメ映画ですが、長年愛されている作品の中には小説や児童文学が原作となっているものも多くあります。

スタジオジブリの『火垂るの墓』や『魔女の宅急便』、宮沢賢治の作品を映像化した『銀河鉄道の夜』などです。

これらは小学校の授業などでも観賞されることがあり、読解力を養うための教材として役立っているといいます。

大人がこれらのアニメ映画を読解力アップに役立てるのなら、まず**映画を鑑賞してから原作を読む**ことをおすすめします。

原作ではかなり長いストーリーであったとしても、映画化する際には長くても2時間程度におさめなくてはなりません。子供向けのものならもっと短くて90分程度です。

そのため、映画では原作どおりにすべてを描くわけにはいきません。できるだけテーマを変えないようにしつつ登場人物が変わったり、一部分が切り取られたり、あるいはある一部分だけがクローズアップされて描かれたりすることもあります。

だから、**映画を見た後に原作を読んでみると、映画監督が何を意図して映画を作ったかを明確に感じることができる**のです。

野坂昭如氏が自身の戦争体験をもとに描いた『火垂るの墓』は、原作が短編小説なので映画とストーリーはほぼ同じですが、原作には映画で描かれなかった細かな描写があります。そのため、映画と小説では主人公の子供たちと周辺の大人たちとの関係性が微妙に異なります。

原作との比較によって、制作者の考えや思いを想像してみましょう。

54

意図をつかむ力――
広告ポスターを読み込んでみる

駅の壁を覆い尽くすような巨大なポスターやラッピングバスなど、街中でデザイン性が高い広告を目にすることがあります。

しかも、たったひと言のキャッチコピーと、企業のロゴだけが入っているようなものもあり、一見すると何の広告かわからないこともあります。

とはいえ、それは手抜きでも何でもなく、**考え抜かれた戦略**であることはそのビジュアルを見ればかわります。

道行く人々に、「これはいったい何の広告なんだろう」と思わせるのも戦略のひとつなのです。

ところで、せっかくそこまで思わせぶりな広告なのですから、見る側としては彼らの戦略や制作者の意図、狙いがどこにあるのかを考えたいものです、シンプルな広告は、シンプルでありながらもどこかに引っかかりがあるものです。スマホを取り出して、ＰＲされている商品や広告主である企業を検索したくなったり、イベントの告知らしきものであれば、何が行われるのか知りたくなったりします。となると、「なるほど、これはスマホで検索するという行動を促すのが狙いか」などと想像することができます。

実際に検索してみるとキャンペーンが行われていたりして、自分の予想がズバリ当たったとうれしくなることもあるでしょう。

このように、**広告の裏読みをしていると自分の仕事にも役立つマーケティング手法が学べてまさに一石二鳥**です。

通勤する時、街を歩いている時、そして今やテレビの広告をしのぐ規模になったネットの広告もボーッと見ているのはもったいないことです。おもしろいと思ったものは、その手法やデザインを採用した理由や狙いをどんどん深掘りしてみましょう。

55 行間を読む力――名画の裏にあるものを言葉にする

人には怖いもの見たさという、どうしても抗いきれない性があります。名画に隠された陰謀や策略などを解説する書籍や絵画展が人気なのも、そんな人間心理を刺激しているからなのでしょう。

ところで、前述しているように文章でも絵画でも、そこに直接は表現されていない作者の思いや真意をくみ取る**「行間を読む」**という行為が欠かせません。

国語のテストには、必ずといっていいほど「主人公が悲しく感じたのはなぜか。その時の心情にもっとも近いものを次の4つから選びなさい」というような問題が出ますが、正解を導き出せるかどうかは行間が読めているかどうかにかかってきます。

つまり、**言葉としては書かれていないけど、作者が伝えようとしているものを読めていなければこのような問題の正解にはたどり着けない**のです。

絵画も同じです。名画といわれているのだから、いい絵なのだろうと何となく眺めているだけでは深くは理解できません。

ところが、絵の周辺情報を探れば探るほど、キャンパスには描かれていないのに画家が訴えようとしていることが見えてくるのが名画のおもしろいところです。

つまり、**名画は行間を読むトレーニングにぴったりの教材**なのです。

そこで、まず絵画を理解するために、図書館などで貸し出されている名画の解説書を借りてみましょう。そこから、その絵が描かれた場所や社会情勢などの時代背景から作者の生活や性格、そして描かれている人物やモノ、構図についての細かな説明などを知ることができます。

このような情報を頭に入れたうえで、もう一度絵を眺めてみると「じつは…」というストーリーが見えてくるようになるはずです。

また、行間を読めるようになると**足りない情報を想像力で補えるようになる**ので、絵画だけでなく映画や文学作品、そして**世の中のさまざまな出来事までが深みを持って見えてくる**ようになるのです。

56

オリジナリティの力――ゲーム音楽にはこんな聴き方もある

夏休みの宿題の定番だった読書感想文が苦手で、ほとんどあらすじだけで原稿用紙を埋めていたという話をよく聞きます。

たしかに、自分が何を感じたかをわかりやすく文章にするのは、ふだんから書くことに慣れていても難しいものです。

しかし、**感じたことを言葉にする**ことができるようになると表現の幅が広がります。自分が伝えたいイメージをストレスなく人に伝えられるようになるのです。

そこで、浮かんできたイメージを言葉で表現するトレーニングをしてみましょう。

トレーニングに使うのは音楽です。

なかでも**おすすめなのは、本格的なクラシックなどよりも聞き慣れた音楽**です。

たとえば、『ドラゴンクエスト』や『ファイナルファンタジー』などのロールプレイングゲームに使われている音楽は、ゲームの内容を知っていればよりはっきりとイメージできるはずです。

「この曲を聞くと冒険が始まる気がする」などと入り口になる言葉が見つかったら、そこからさらに先を続けます。

そうしていると、ここはゲームのセリフを引用したほうが説明しやすい、この感じをもっと的確に表現できる言葉はないのかなど、工夫を凝らしたくなってきます。表現することが楽しくなってくるのです。

さらに、**もっと発想力を広げたいと思ったら、誰かと一緒にこの作業をやってみて、お互いが書いた言葉を見せ合う**のもいいでしょう。

同じ音楽を聴いても人によって感じ方は千差万別です。他人が選んだ言葉を見ると、自分とまったく違うイメージで同じ音楽を聴いているのか…と目からウロコが落ちる思いをすることでしょう。

このような経験を積み重ねることで、自分なりのオリジナリティのある表現ができるようになります。

57

「言語能力」に自信がある人は、何をどう鍛えているのか

時間が経つのを忘れるほど夢中になって本を読んだことがあるでしょうか。次の展開が気になって寝るのも忘れてしまうほど読書に熱中している時というのは、ストーリーに合わせて頭の中に映像が立ち上がってくるものです。

そして、頭の中にいる登場人物がしゃべり、走り、悲しむ――。そんな感動を味わえるのは、まさに想像力のなせるワザです。

しかし、どんなに丁寧に読んでも頭の中に何も浮かんでこないこともあります。そうなると文字面だけを追ってしまい、言葉の外形だけに反応してしまうため、文章の意味さえわからなくなってしまいます。

このように**文章が理解できない原因のひとつが、言語能力の不足**にあります。言葉の意味だけでなく、その言葉を選ぶことで生まれるニュアンスなどがわからなければ、

想像力がフリーズして物語を楽しめなくなってしまうのです。

現代語の小説なら楽しめるのに、言葉遣いに馴染みのない明治時代に書かれた文学はさっぱりおもしろさがわからないという場合も、やはり言語能力が足りていないのが原因なのです。

そこで、どんなに難解な文章でも理解できるようになりたいと思ったら、まずは**読書量を増やす**ことです。

そして、前述したようにわからない言葉の意味については面倒でも辞書などで調べてみます。意味のわからない言葉がひとつあるだけで、その場面の情景がまったく思い浮かべられないのに、その**言葉の意味を知ったとたんに物語が生き生きと動き始める**ことも珍しくありません。

とにかく**たくさんの文章を読んで、知識の量を増やし、たくましい想像力を身につける**ことです。そうすれば、想像していたストーリーが裏切られるという、どんでん返しのおもしろさも味わうことができるのです。

58

声に出して読むだけで、脳は突然動き始める

黙って読むことを**「黙読」**、口に出して読むことを**「音読」**といいますが、文章を深く理解するためにはどちらがふさわしいと思いますか。

じつは、**音読のほうが理解を深める効果がある**というのです。

声を出して読み上げると、文字と意味、そして音とのつながりに注意を払うことができます。

「やは肌のあつき血汐にふれも見でさびしからずや道を説く君」

これは与謝野晶子の歌集『みだれ髪』に収められている有名な歌ですが、黙読ではその情景があまり湧いてきません。

これを「やわ肌の　熱き血汐にふれも見で　さびしからずや　道を説く君」と声に出して五七調で読めば、歌に込められた思いに触れられる感じがします。

また、短歌でなくても文章を音読してみれば書き手によって異なるリズムがあることがわかります。

そのリズムも含めて、**口に出した言葉を耳で再度取り込むことで文字と意味、そして文字と音がつながって理解に深みが増す**のです。

またそれを繰り返すことで、耳が肥えてくるという効果もあります。

いろいろな文章を**音読していると、いい文章とそうでもない文章との違いを感じられるようになる**のです。

そうすれば文章を読み取る力だけでなく、書くセンスにも磨きをかけることができます。

理解が深まる理由はそれだけではありません。

音読をすると脳の前頭前野が活発に働くといいます。前頭前野は判断や思考、抑制、創造などをつかさどっている部分で脳の司令塔ともいわれています。

つまり、毎日音読することでこの部分が鍛えられ、感覚が豊かになるというのです。

さまざまな文章を声に出して繰り返し読んでみましょう。

59

“文章との対話”を意識しながら読むのがちょっとしたコツ

何気ない話をしているのに、さまざまな情報を的確に説明できる人がいます。

しかも、その内容は自分の専門や興味のある分野だけでなく、雑学や芸能ネタも含まれていたりします。

だいたいがネットで拾った情報だったりするのですが、同じ記事を読んでいても人によっては固有名詞や正確な数字まではなかなか覚えきれないものです。

記憶力に自信がない人は、なぜそんなにいろいろな情報を覚えていられるのだろうと感心することでしょう。

このように記憶力のいい人というのは、じつは**記事を読みながらその文章と“対話”をしている**のです。

たとえば、ある著者のインタビューに「この本で、目立たない人にも活躍の機会があるということを若者に示したかった」と書いてあったとしましょう。

するると、対話をしている人は
「たしかに自分も目立たないほうだったけど、今はそれなりに活躍できている気がする」

「いやいや、それでも世間は厳しいのよ」

などと**一文一文に反応している**のです。だから、**生きた情報としてその人の記憶に残る**のです。

一度、記憶の領域に入った情報はその後、本人はすっかり忘れたと思っていてもちょっとしたきっかけで蘇ります。**忘れたのではなく、無意識の領域に収納されていただけ**なのです。

だから、さまざまな情報が蓄積されていき、いわゆる〝博学〟や〝物知り〟といわれる人になっていくのです。

より多くの知識を身につけたかったら、より多くの文章と対話をすることです。そうすることで、収納される情報量は確実に増えていくのです。

60

読むことは、突然やってくる「ひらめき」のための準備

何かアイデアを出してくれと言われて、机に向かって頭をひねらせる――。じつは、これはアウトプットするうえでもっともよくない状態です。

そもそもアイデアはないかと問われてすぐに出てこないのは、少なくともその時の頭の中は白紙の状態ということです。何かとっかかりになるようなアイデアさえ持ち合わせていないのです。

にもかかわらず、一生懸命絞り出そうとする。

もしかすると、たまたま妙案のようなものが1つや2つ浮かんでくることがあるかもしれませんが、それは単なる思いつきであって、どうあがいても実現可能ではなかったりします。

このように無理矢理アウトプットしようとするのは、カラカラに乾いたつるべ井戸

に桶を下ろしてせっせと水を汲み上げようとしているようなものなのです。

やはりたくさんの水を汲み出そうと思ったら、まずは水を満たしておかなければなりません。

それと同じように、**いつも情報をたくさんインプットしておく**ことが、潤沢なアウトプットにつながります。

時事問題はもちろん、仕事とは直接関係のないような宇宙工学や生態系の話、最新医療など少しでも興味があれば手当たりしだいに本を読んだり、時間があれば専門家の話を聞いたりしておくのです。

ただ、今すぐ必要でない情報は覚えておく必要はありません。読んだ内容を忘れてしまっていても、**とりあえず頭に入れておけばさまざまな情報とブレンドした状態でふとした瞬間に出てくる**ものなのです。

よく成功者のエピソードの中に、「ある時、突然アイデアが浮かんだ」などといった表現がありますが、それも**ふだんからさまざまな情報をインプットしてきたからこそ起こる現象**なのだといえます。

61

自分の読書傾向をいったん脇において考えてみよう

社会人になってから何年も経っているのに、よく「文系ですか、理系ですか」と聞かれることがあります。

このようなカテゴリー分けは、大学時代に何を専攻していたか、どんな職種についているかが基準とされます。

しかも、苦手分野の話題になった時に「すみません、私、文系なんで…」などと言い訳の材料として使われたりもします。

しかし、そもそもよほどの専門家でない限り、そんなに簡単に得意分野を決められるものではありません。なかにはスポーツ系の人もいるでしょう。

豊かな発想力を養いたいと思ったら、「自分はこの分野」と安易にカテゴリー分けしてしまうのはよくありません。

それよりも、**どんなジャンルのことでも貪欲に吸収したほうがいい**のです。もちろん、得意分野を持つのはいいことですが、だからといって苦手分野の情報をシャットアウトすると豊かな発想力は育まれないのです。

遊びも同じです。自分はインドア派だからとアウトドアでの遊びに興味を示さなかったり、音楽は海外アーティストに限るなどというように決めつけてしまわないことです。

今まで〝自分は○○派〟と決めつけて、狭く深く、ひとつのことを掘り下げていくタイプだったのであれば、なおさら**まったく違ったジャンルを体験してみる**ことをおすすめします。

特に食わず嫌いをしてほとんどかかわってこなかったものほど、知れば知るほどその斬新さに打ちのめされてしまったりするからです。

こうして**自分の回りに築いていた壁を取り壊していく**と世界はみるみる広がります。そこからジャンルを超えた新しい発想が生まれてくるのです。

Step6

行間から専門書まで…
意外と知らないモノの読み方

62

情報の〝つまみ食い〟こそ、上手な読み方のコツ

さまざまなジャンルの情報をインプットするためには、雑学系ばかりでなく専門書も読みこなしてみたいものです。

しかし、専門書となるとさすがに聞いたこともないような専門用語が出てきたり、読みやすさよりも正確さに重きが置かれていたりしてスラスラとは読めないものも多いのが現実です。

そこで、少しくらい**難解な専門書からも新しい知識が得られる読み方を実践**してみましょう。

まず、A4くらいの大きさの用紙を用意して、真ん中に1本の縦線を引きます。

そして傍らで見開いた本を読みながら、用紙の右側にその本の中に出てきた情報の中から「すでに知っていたこと」を書き出します。

一方の左側には、「はじめて知ったこと」を書き出すのです。

以前どこかで聞いたことのある話であっても、誤解して理解していたことは「はじめて知ったこと」に入れていきます。

専門書に書いてあるような内容は、基本的に実生活で体験できないようなものがほとんどなので、「はじめて知ったこと」の欄がどんどん埋まっていくはずですが、それでもかまいません。

とりあえず**紙に文字として書いてみることで、それは新しい「学び」になる**からです。いったんは**忘れたとしても、記憶の深いところにインプットされている**のです。

知らないからと無視をせずに、少しでもおもしろそうだと思ったら手に取ってみることをおすすめします。まずは、情報のつまみ食いからでいいのです。

63

論文・レポートの〝暗黙のルール〟を知っていますか

ひとくちに本といってもその種類は雑多で、人によっては生涯手に取らないような本もたくさん存在します。たとえば、学術的な専門書や研究レポートなどはその典型でしょう。

必要な人にとっては重要な資料となりますが、そうではない人にとってはもはや何が書いてあるのかもわからない、いわば文字の羅列にしかすぎません。

とはいえ、専門外だからといって読まずに済むケースばかりではありません。授業やビジネスシーンで、必要に迫られてその手の書物と向き合わなければならないことも多々あります。

そこで覚えておきたいのは、研究レポートなど学術的な色合いが濃い本はおおむね次のような構成になっているということです。

①問いの提起（テーマ）
②論証・検証
③主張
④結論

ひとつの書物がこの順番で構成されている場合もあれば、複数のテーマごとに①〜④が繰り返されている場合もあります。手にした**書物がどういうタイプかは、目次を見ればわかる**はずです。

難解な言い回しや専門用語が多くて敬遠しがちなものでも、**ざっくりと構成がわかっていればそれだけで読みやすくなる**ものです。

何をテーマとして掲げ、何を主張したいのか。そのポイントさえつかめれば論証や検証部分の理解度が深められ、たとえ専門外の分野でも内容を把握しやすくなるのです。

64

カシコい大人は「空気を読まずに、行間を読む」

学生時代の国語の授業を思い返すと、教師がよく口にした「行間を読みなさい」という言葉がよみがえります。

行間とは、そこに書かれていない書き手の意図のことです。

直接には文字にして表現されてはいないけれど、そこに見え隠れする背景や、作者が託した思いなどに想像をめぐらせる。**物語や詩などは、行間を読んでこそ「真の読解力」が身につく**。そんなふうに指導された人も多いはずです。

そうした作品だけでなく、ふだんの**メールや手紙にも行間に隠された事情や感情を読み取る力が必要**な場合もあります。

たとえば、何らかの理由で傷心の友人が気丈に「元気です」と伝えてきたら、「ああ、元気なのか」で終わるのではなく、その裏にある本心や立ち直ろうとする姿勢に心を寄せたいものです。

こういう場合の「読み解く力」は、言葉そのものというよりも相手の心に対して発揮されるべきもので、そこには想像力や共感力など、読解力以外の力が必要になる場合もあり、こちらの感受性も大いに試されます。

ただし、ビジネスにおいてはこうしたウェットな感情の先読みよりも、もう少し**ドライな読解力が必要**だったりもします。

もしも、仕事が遅れている同僚がいたら、「作業が終わらなくてかわいそうだから手伝おう」ではなく、「スケジュール通りに進まないから担当の割り振りを見直そう」といった先読み力のほうが重要なのです。

人間同士ですから感情を読むのも大切ですが、怖いのは見当違いな〝忖度〟をすること。特にビジネスの場合は、それが最優先になってはいけないというわけです。

65 難しい本を読むなら、「飛ばし読み」を原則にする

好きなことならどんなに面倒なことでも頑張れるのに、そうでもない場合は、何をするにも億劫でしかたがない…。

こんなことは誰にでもあるでしょうが、「本を読む」ことにも同じことがいえそうです。

大好きな作家の小説や趣味の本はサクサク読めるのに、ビジネスの関係上、どうしても目を通しておかなければいけない本や、さほど興味のない資格取得のための実用書などは、文字を読んでいるだけで眠くなったりしませんか。

そんな時は、いくら一生懸命読もうと努力しても無駄です。知らない言葉が出てきてはつまずき、同じページを何度も行ったり来たり。書いてある内容などいっこうに頭に入ってきません。

本にも相性がありますから、当然、自分には合わない内容、文体、体裁というのがあります。それでも気晴らしに買った小説なら読むのをやめるという選択肢もありますが、それが仕事となればそうもいきません。

そこでおすすめしたいのが、**わかるところから読む「飛ばし読み」**です。

まずはざっと目次を一読して、なんとなくでいいですから自分が理解できそうな項目を選びます。前後の脈絡がわからなくてもかまいません。そこに書いてあることが理解できて頭に入ってきたら再び目次に戻って、今度は今読んだ内容に関連する項目を探して読みましょう。

「読解力」を阻む最大の敵は、その本自体を退屈と感じてしまうことです。そうならないためには、内容を理解して知識がついたと実感できる時間が必要なのです。

点と点が線でつながっていくように、**飛ばし読みをしている項目がそのうち流れとなってつながり、最後にはおおまかな全体像をつかめるようになる**はずです。

読書も人間関係と同じで、とっつきにくい相手には、アプローチの方法を工夫する必要があるというわけです。

66

理解度が断然違う！新聞まとめ読みの法則

インターネットの出現以降、その存在感がめっきり薄くなっているものに新聞があります。

ニュースの重要性は今も昔も変わりませんが、入手方法や読み方はここ十数年でがらりと変わりました。特にスマホで情報を得るのが当たり前になっている若い人の中で、自宅に新聞を配達してもらっているという人は少ないでしょう。

その一方で、やはり「新聞は紙で読みたい」という人が一定数いることも確かですし、実際に紙の新聞にはネットニュースとは異なるメリットもあります。

それは、**ニュースの重要度が一目でわかる**ことです。

まず、見出しの大きさだけでも、どれが旬でホットな話題であるかがわかるのはもちろん、割いているスペースの大きさでも一目瞭然です。

また、ある新聞社では一面だったのに、別の新聞社ではそこまでの扱いではないなど、メディアの報道姿勢を知る手がかりになったりもします。

ところで、新聞といえば読むのは朝、少なくともその日のうちに読むのが当たり前だと思っていませんか？

読書の世界には、本を買って積み重ねたまま読まないでおく**「積読《つんどく》」**という言葉がありますが、新聞でもそれはアリなのです。

たとえば、時間のない朝などはパッと見出しだけを拾い読みして出かける時があるでしょう。多くの場合、その新聞はそのままお役御免になりますが、**あえて積み重ねてとっておき、休日の時間のある時にまとめ読みしてもいい**のです。

そうするとグッと理解度が深まり、その日の朝に読む以上に自分に必要な情報か否かの選別がしやすくなります。

ただし、あまりにも時間が経ってしまうとニュースの鮮度が失われてしまうので、ストックはせいぜい１週間程度にとどめておきましょう。

67

新聞を批判的に読むことで、自分の主張を熟成させよう

インターネット社会の現代には、玉石混淆の情報があふれています。その中から本当に価値のあるものを見つけるためには、自分の主義・主張をしっかり持つことが求められます。

そこで役に立つのが**「クリティカル・リーディング」**の手法です。簡単にいえば、「批判的に読む」ことです。

情報の受け手としてそれを鵜呑みにするのではなく、**①重要なことは何なのか、②なぜそうなるのか、③本当にそれでいいのか、という3つの疑問を持ちながら読むことが自分の主義や主張を鍛えていく**ことにつながるのです。

そのクリティカル・リーディングを実践するのにもっとも役立つのが、新聞です。

新聞記事は単なる文字情報だけでなく、写真や図版、記事自体の大きさや見出しのつ

け方などさまざまな要素で構成されています。当然、社によってスタンスの違いがありますから、一歩引いた立場で読みくらべるといろいろなことがわかるのです。

たとえば、デモのニュースを扱っている紙面があるとします。ある新聞では半面ほどの大きな扱いで、写真もカラーで掲載されています。それだけを読めば、大きなニュースであるという印象を受けるはずです。

しかし、別の新聞ではその5分の1ほどの扱いで、写真がないベタ記事として扱われています。こちらの新聞を読んだ人は、このニュースをさほど重要だとは思わないのではないでしょうか。

つまり、同じ事実を扱っていても書き手によって見え方は大きく変わってくるのです。このことに気づかなければ、自分の意見に客観性を欠いてしまいます。

書かれていることは客観的な真実なのか、筆者の狙いはどこにあるのかを意識して読む**クリティカル・リーディングを心がけることで、自分の主義・主張をブラッシュアップしていくことができる**というわけです。

68

読み方を変えるだけで、〝読む速さ〟に磨きがかかる！

日々時間に追われているビジネスパーソンにとっては、本を読む時間を捻出するのも至難のワザかもしれません。

じっくり読みたい文学作品や趣味の本はともかくとして、仕事の参考資料などはあまり時間をかけて読むわけにもいかないでしょう。速読とはいわないまでも、スピード感を持って読む必要があります。

文章を読むのが得意ではないという人にとっては難しいと思うかもしれませんが、じつは**多くの人が無意識に速読法を実践**しています。それは新聞を読んでいる時です。**新聞は速読に向いている**媒体なのです。新聞を広げると、記事の内容が一目でわかる見出しがかなり大きな文字で書いてあります。

新聞を読む時は、見出しを見て無意識に読むべき記事を取捨選択しています。そうすることで出勤前や電車の中、あるいはオフィスに着いてからでも、1日分のニュースや情報を効率的に得ることができるのです。

新聞の読み方を解説すると、まずざっと見出しに目を通します。そして、気になる記事があったら優先的に読んでいきます。

選んだ記事を読む際も知っている情報は読み流して、目新しいトピックスを重点的に読み込んでいるはずです。その結果、短時間で必要な情報だけを得ることができています。

この読み方は、ビジネス書や情報誌などにも応用できます。目次や小見出し、図表などをざっと見て、優先順位をつけましょう。端から順に読んでいくよりも効率的に必要な情報を得ることができます。

もちろん早く読めればいいというわけではないですが、情報収集や知識の習得のための時間は限られているものです。まずは**自分がよく知っている分野についての書籍を選び、短時間で必要な情報を得る**練習をしましょう。

69

月刊誌の有効活用で、読む時間のムダはまだまだ減らせる

ゴシップにさほど興味のない人でも、嫌でも目がいくのがネットニュースや電車の中吊りのスキャンダラスな見出しです。

相変わらず、週刊誌は芸能界から政界に至るまでスクープの本数を競っていますし、スポーツ新聞も種々雑多な情報で紙面を賑やかに埋めています。

紙で読むかスマホで読むかはさておき、これらの媒体は旬でホットな話題が盛りだくさんですが、一方で、**飛ばし記事やハズレ記事が多い**のも事実です。

もちろん、なんでも真に受けなければいいだけの話ですが、同じ時間を使うのであれば不確かな記事より、信憑性の高い記事をじっくり読みたいものです。であれば週刊誌やスポーツ新聞よりは、**月刊や季刊の総合的な情報誌などを選んだほうがいい**かもしれません。

スポーツ新聞や週刊誌などは発売サイクルが短いため、どうしても記事の信憑性よりもセンセーショナルな内容で紙面を埋めることに重きが置かれてしまいがちです。

その点、月刊誌や季刊誌はしかるべき人が署名つきで、少なくとも**事実に沿った記事を書き、なおかつ編集部がそれを精査したり校正したりする**時間があります。

そのため、内容の是非については議論があっても、飛ばし記事のようなあいまいな情報である確率はぐっと減るわけです。

週刊誌やスポーツ紙は、あくまで旬の情報をチェックするにとどめ、興味のあるニュースについてはさらに深掘りされた月刊誌や季刊誌の記事を探して読むようにするといいでしょう。**活用法を分けると時間の使い方としても効率的**です。

ネットの週刊誌の記事でも、関連性のある話題として識者のコラムなどがリンクされていることが多いので、そちらも併せてチェックしたいものです。

70 "ながらラジオ"で、お手軽に読む力をつける

ひと昔前、食事をしながら観るものといえばテレビでしたが、今はテレビに代わって「スマホ」と答える人が増えてきています。

特にテレビ離れが進んでいる若い世代だけでなく、ビジネスパーソンにとってもスマホは何よりも欠かせないツールであるとともに、最大の情報源であるのは間違いないでしょう。

自分の興味のある分野だけに的を絞って、次から次へと新しい情報を探すことができるばかりか、SNSには「世の中の今」がまるで川のように流れており、ほかのどのメディアよりもリアルタイムで「現在」を読み取ることができます。

たしかに、新聞やテレビではもはや物足りないと思うのも無理はありません。

同じように、**「ながら」**で得られる情報源として、もうひとつ加えてほしいのがラ

ジオです。

最近はまたラジオのブームが盛り返し気味で、特に情報系の番組は根強い人気があり、古くからのリスナーも少なくありません。

その手の番組の魅力は、**凝縮された旬の話題を巧みな話術で伝えてくれる**という一点に尽きます。新聞やスマホでは自分で内容を読み解き、情報を取捨選択することが必要ですが、ラジオはそれを代わりにやってくれるのです。

しかも、ラジオは別のことをしながらその情報を得られるのですから、**スマホ以上にお手軽**といえるかもしれません。

今はスマホのアプリでエリアや時間を問わずさまざまな番組を聴くことができます。電車の中やカフェで無意識にスマホを見ている時間をたまにはラジオにあててみませんか。ラジオを通して耳からの情報をおさえておくことで、新聞やスマホなど〝読む情報〟も効率的に集めることができるでしょう。

71

小説を読めない人は、「時間の流れ」を見逃している

けっして活字嫌いなわけではないけれど、小説だけはどうも食指が動かないという人は意外といるものです。

映画やドラマは好きだし、〝つくり話〟が苦手というわけでもない。では、何がネックになっているのかというと、おそらく文字だけで綴られるストーリーを頭の中でビジュアル化することが不得意なのではないでしょうか。

読んでいれば登場人物の姿かたちなどはイメージしやすいはずです。ただ、それを映画やドラマのように生き生きと動かせないのは、やはり物語の流れを把握できていないからなのです。

その解決法としてひとつコツを挙げるとすれば、**物語の中の「時間」を意識すること**です。

「ある1日の出来事」だけで完結するような物語でない限り、ストーリーの中では時間が動いています。

たとえば冒頭で現在の描写があり、主人公が幼少期を回想し、青年期を経てまた現在に戻る。そして、今度は未来へ向かって物語が展開していく…。こんなパターンはよくありますが、難しいのはその時間の流れが一定ではないことです。

1章では今日のことを、2章ではその1週間後のことを、でも3章ではいきなり10年前に場面が変わるなど、フィクションの世界の時間軸は自由自在です。

しかも映像作品やマンガとは異なり、「さて3年後――」などという無粋な説明は、小説ではめったにありません。基本的に挿絵もありませんから、登場人物の成長や描かれている**時代の変化などは、文字から読み取るしかない**のです。

特に最近の小説は、過去と未来が交錯して描かれるなど、複雑な構成も増えています。まずは、そこに描かれている**時間を意識して読めば自然と物語に入り込める**はずです。

72

素人にはやっかいな法律の文章を自分で噛み砕くコツ

どんなに読解力を駆使しても、やはり読みにくい文というものはあるものです。その代表は、なんといっても**法律やお役所関連の文書**ではないでしょうか。

運転免許証を持っていても、道路交通法を読んだことがあるという人はそうはいないでしょうが、いざ読んでみると非常にわかりづらいものがあります。

「警察署長が公安委員会の定めるところにより時間制限駐車区間における車両の駐車につき駐車することができる場所及び駐車の方法並びに駐車を開始することができる時刻及び駐車を終了すべき時刻を指定して許可をした場合において…（略）」

これは、駐車違反の特例（第四十九条の五）に関連する項目を抜粋したものですが、同じ調子でこの先も文章が続いていくのです。

特に法律関連は、道交法に限らずこのように句読点の少ない長い文章が書き連ねられているのが現状です。

当然、法律ですから抜け穴ができないように矛盾のない書き方をしなくてはならないのでしょうが、読み手にとってはお世辞にも親切な書き方とはいえません。

仕事や役所関連の書類で、これと同じような文章に遭遇したら、**長文を分解して要点を書き出してみる**のが得策です。そうして**箇条書きにしたものをつなげれば、おのずと全体像が見えてくる**はずです。

また、これを逆に考えると、プレゼンなどの資料を作成する時のポイントにもなります。

たとえば、新商品をアピールするのに無駄に説明文が長いと相手には伝わりません。むしろ特徴を3つくらいにしぼり、簡潔にポイントをまとめるほうが商品のよさがストレートに伝わるというわけです。

73

数字のトリックには「絶対的」か「相対的」かで判断する

たくさんの本を読んでいて言語能力も高く、文章や人の話をしっかりと理解することができるのに数字だけは弱い人がいます。しかも、そのせいで簡単な数字のトリックに引っかかってしまったりするのはとても残念なことです。

たとえば、**広告に表示されている数字には巧みに事実をぼかしている**ものがあります。「大人気！　累計１００万本突破！」などといわれると、とても勢いのある売れ行きのいい商品だと感じるのではないでしょうか。

ただ、この場合**「累計」**というところがミソで、たとえば発売してから10年で１００万本だったら単純計算で年間10万本売れている商品ということになりますが、20年だったら年間５万本ということになります。

いずれにしても毎年コンスタントに売れているのであれば、リピート率が高く、長年愛されている商品なのだろうと推測できますが、もしかするとそうではないのかもしれません。

発売当初はもの珍しさで爆発的に売れたものの、その後、リピートする人が減り続けてすっかりジリ貧になっている商品だということもあるのです。つまり、抱えた在庫を売りさばくために累計で表示していることもあるのです。

また、「当社売上げナンバーワン」というのもいかがわしさが漂います。実際にその会社では一番の売上げであっても、業界全体の中でどのポジションにある会社なのかでナンバーワンの意味合いも違ってきます。

たしかにナンバーワンかもしれないけど、それは世の中のヒット商品に比べてみれば絶対的ではないかもしれません。

絶対的ナンバーワンはその月や年にもっとも売れたものであって、**相対的という場合には必ず相対する数字がある**のです。しかし悲しいかな、**数字の強さについ騙されてしまう**のです。

数字の裏にはさまざまなトリックが仕掛けられているので要注意です。

74

斬新なアイデアほど、普通の言葉で語られている理由

売れるためのアイデア、モノのすばらしさを表現するアイデア、そして社会の仕組みを変えるアイデアなど、この世の中はアイデアでつくられていて、ビジネスパーソンは常にそのアイデアを求められています。

そこであなたが、これまでにないような画期的で前例のないアイデアを考えついたとしましょう。

でも、それはあまりにも専門的だったり特殊すぎたりして、上司やクライアントに理解してもらうのは非常に難しいことだったりします。

特に最近では、年代によってコンピューターなどの**リテラシーに差がある**ので、いくら説明してもわかる人にしかわかってもらえないということが起こりがちです。

そんな場合、いったいどんな言い方で説得すればいいのでしょうか。じつは、**特殊**

なことを説明する時に欠かせないのが、普遍的で一般的なたとえを入れることです。

普遍的とは時代や国、民族が違っても、すべてのものに共通して当てはまることをいいます。

たとえば、太陽は東から上って西に沈みますが、これはどこの国でも、どの時代であっても普遍的なことです。人間は食欲、性欲、睡眠欲という三大欲求を持っているというのも普遍的な事実です。

誰もが納得感のある普遍的なたとえを出すことで、どんなに専門的な話でも多くの人が理解できます。逆に、一部の人にしかわからない言葉を使った説明では、どんなに素晴らしいアイデアでも共感を得ることはできないのです。

75

指示語に気をつければ、文章の途中で〝迷子〟にならない

「I hope for that.（私はそれを望みます）」というように、英文の中に that や it などの指示詞が出てきたら、文の前後を確認して、何を指しているのかを探し当てなくてはなりません。

そうでないと意味が通じないからですが、英語に慣れていない頃はけっこう迷ってしまうポイントでもあります。しかも、英文だけでなくそれを翻訳した文でも指示詞が何を指しているのかわかりづらいことが往々にしてあり、それが読みにくさの原因になっていたりします。

指示語が要注意なのは日本語も同様です。そのわかりやすい例として憲法や**法律の条文**があげられます。

〝翻訳調〟で指示語が多いのです。

日本国憲法の前文の中にこのような一文があります。

「そもそも国政は、国民の厳粛な信託によるものであって、その権威は国民に由来し、その権力は国民の代表者がこれを行使し、その福利は国民がこれを享受する。」

指示詞がたくさん出てきます。しかし、よく読めば「その権威」や「その権力」の「その」は国政や国家の権威や権力のことと理解すればわかりやすくなります。

また「これを行使し」の「これ」は権力、「これを享受する」の「これ」は福利のことを指しています。

つまり、そもそも政治とはどういうものかを書いた文なのです。指示詞は文をつなぐ表現なので、**指示詞が出てきたらチェックすべきは前後の文章**です。

ちなみに、50年以上前に日本語で出版された外国の本は、原文に忠実な翻訳調になっていて指示詞もたくさん出てきます。

意訳に慣れているとかなり読みづらいものがありますが、**指示詞を丁寧にたどっていくと文章の展開が見えてくる**のです。

76

情報の的確な読み取りに、「質問力」は欠かせない①

物事の発端を聞いただけで全体を理解することを一を聞いて十を知るといいますが、これができる人は間違いなく仕事ができます。

そういう人は、上司が「ここを修正してほしい」と言っただけで、その意図を理解して、相手の説明が不足している点を逆に質問できます。

「修正するのは期限が変更になったからですね」

「では、このように修正すればよろしいですか？」

「しかし、ここを修正すると他の部分との整合性が取れませんがどうしましょう」

などとピンポイントで問題点を指摘できるため、何事においてもコトがスムーズに進みます。

しかし、なかには言われたことを額面通りにしか受け止めず、言われたこと以外はノータッチという人もいます。余計なことをして、それが間違っていたらまた余計に迷惑をかけるからというのがその理由です。

食事をするのはお腹が空いたからというように、アクションを起こす時には語られていなくても何かしら理由や事情があります。

読解力があれば、欠けている情報があることに気づくので、それを補おうと質問をするのですが、言葉通りにしか受け止めていないと質問すら思い浮かばなくなってしまいます。

前述のような場合なら、修正するのは何か問題があったからと想像すれば、的確な質問をして詳しく情報を得ることができるのです。

ちなみに、質問のしかたにもコツがあります。いきなり細かな修正点を確認するのではなく、まず「何のために」という疑問を解消する大まかな質問をします。

そして、**具体的にどうすればいいか小さな質問を重ねていく**のです。

これを実践することで、情報を的確に読み取れるようになり、より確かな仕事ができるようにもなるのです。

77 情報の的確な読み取りに、「質問力」は欠かせない②

セミナーや講演会、プレゼンなどでは、すべての話が終わった後に質疑応答の時間が設けられます。

ところが、一生懸命に聞いていたつもりなのに、いざ質問をと言われると何も思い浮かばないことがあります。

「何かありませんか？」と聞かれて、「特にありません」と答えるのは話の内容が記憶に残っていないと言っているようなもので、恥ずかしい思いをするものです。

そこで、講演やプレゼンを聞きながら同時に相手の話をしっかりと読み解く方法があります。それは、**質問を考えながら話を聞く**ことです。

話の中でおもしろいと思った点や疑問を感じた部分があればメモをして、それについての質問を考えるのです。

とはいっても話はどんどん進んでいくので、質問のことばかりを考えていると他の情報を聞き洩らしてしまいかねません。

そこでメモのために大きめのノートを用意しておき、その中央に話のテーマを書き入れます。

そして、**テーマのまわりに話の中に出てきたキーワードや思いついた質問などを書き入れていき、罫線とカコミでつなげていく**のです。

きっと講演やプレゼンが終わる頃には、**蜘蛛の巣のように絡み合った図ができている**と思います。

しかし、一見バラバラに見えるメモもキーワード同士が罫線でつながっているので、書いた本人が見返せば話の内容をプレイバックさせることができます。

このように質問を考えながら聞けば話の理解度が高まり、質問したいこともすでにノートに書いてあるので焦ることはありません。**的確な質問を繰り出すことで、正しく情報を読み取れる**ようになります。

78

なぜ同じ話が繰り返し出てくるのか、その意味を考える

ひとつの話題に関連して話があちこちに飛ぶことを〝脱線する〟といいますが、知識が豊富な人の話ほどひとつの話題がいろいろな方面に膨らんでいって、テーマからどんどん離れていってしまいがちです。

事実とフィクションが交じり合っていたりすることもあり、戸惑ったりすることもあります。とはいえ、そんな話題が盛りだくさんの話は読んでいても聞いていても楽しいものですが、もしその話の感想文を書かなくてはならなくなったら大変です。その人が本当に言いたいことがどこにあるのか、どこに書いてあるのかがよくわからなくなってしまうからです。

しかし、そんな時でも本来のテーマを見つける方法があります。それは、**何度も繰り返し出てくるフレーズをチェックする**ことです。

たとえば、最初はコンプライアンス遵守の話から入ったのに、いつの間にかどこかのある企業の社長と個人的に仲がいいという話になっていたり、業界の裏話が繰り広げられていたりしたとしましょう。

話としては、興味深いものばかりでとてもおもしろいのですが、冷静になると「で、何の話だったっけ？」ということになってしまいます。

しかし、きちんと話をまとめるために話し手は同じ言葉を何度も繰り返します。**それこそがその話のテーマであり、キモ**なのです。

本の原稿でも講演でも、人の興味を引きつけて飽きさせないために、そして理解を深めてもらうために著者や講師はさまざまなエピソードを交えます。

本当に大切なことだけなら数分、数行で済むようなことも、聞き手や読者の満足度を高めるためにさまざまな肉づけをしているのです。

あらかじめそういうものだとわかったうえで聞けば、理解度はグッと高まり、「繰り返し」の意味がわかるはずです。

79
その人のモノの考え方が透けてみえるサインとは？

世の中にはじつにさまざまな考え方がありますが、その考えの元になっているのが人それぞれが持っている**「主観」**です。

主観は英語で言えば「サブジェクト」で、ラテン語の「下に置かれたもの」に由来しています。

つまり、その人の根底にあるものの見方や感じ方のことをいうのですが、どんな主観を持っているかは言葉に表れます。

日常でありがちな例を示してみましょう。

「Aさんはバリバリ仕事ができるうえに親切だ」

「Aさんはバリバリ仕事ができるのに親切だ」

どちらもAさんの評価です。「のに」とつけるということは、仕事ができる人は基本的に親切ではないと思っているのだということが透けて見えます。

これまでの人生において、バリバリと仕事ができる人への偏見を生むような出来事があったのかもしれません。

また、有名人が困っている人たちに大金を寄付したというようなニュースを見て、「いい行いだ」という人もいれば、「ただの売名行為だ」と断罪する人もいます。その人の主観によって意見が分かれてしまうのです。

その人がどんなことに確信を持っていて、どんなことを疑っているのか、**根底にある基準となるものが違うから見え方が異なってくる**のです。

だから、自分と対極にある主観を持っている人とは、会話をしていても話がちぐはぐになって何となくかみ合いません。

「えっ、それをそう感じるの？」、「そういう見方もあるのか」などと驚いたり感心したりすることの連続です。

その人の主観が表れる部分を読み解くと、その人の価値観が透けて見えてきます。

80

「観察力」に意識を向けると、なぜか読解力も伸びる

読解力がある人の特徴のひとつは「観察力」があることです。

たとえば、物語を読む場合、背景や登場人物の動きなどをよく観察していないと〝行間を読む〟ことはできません。

行間とは文字通り、行と行の間の何も書かれていない部分のことです。**筆者が「文章にははっきりと書いていないけれど、それまでの文脈や背景から何かを感じとってね」と、行間に自分の思いや真相を込めている**ことがあるのです。

読解力がある人は、この筆者があえて語っていない部分を敏感に感じとる力に優れています。登場人物をよく観察しているので「主人公はこのシーンでは何も発言していないけれど、別のシーンで「○○○」と言っていたからこう思っているにちがいない」と、文中には書かれていない主人公の本音を想像することができるのです。

では、表立っては描かれていない真意を読みとるにはどうしたらいいでしょうか。

それには、ふだんの**実生活から観察力を養う**ことが大切です。

たとえば、親しい友人がいつもより口数が少なく、疲れた様子だったとします。ふだんからよく観察している人なら、友人の様子がいつもと違うことに気がつきます。

さらに、相手が何も言わなくても「この前、大きな仕事を任されていると言っていたけれど、うまくいっていないのかも…」とその気持ちを察することもできます。

心の中にあるすべてを言葉にしてしまえば、世の中は味気ないものになってしまうでしょう。また、うまく言葉にできない気持ちもあります。

そういう表には出てこない気持ちや物事の真相を理解するためには、周囲をよく知ろうと観察する意欲が欠かせません。文章を読む時もただ字面を追っているだけでは、言葉にされていない著者や作者の真意を読みとるのは難しくなります。

ふだんから観察し、想像し、察する力を養っておくことが、自身の内面を豊かにして本物の読解力を養ってくれるのです。

81

言葉と態度に「矛盾」がないか検証する

世の中にはウソが上手につける人と、そうでない人がいます。

後者はウソをついたとしても、目が泳いでいたり、ちょっと問い詰めただけでしどろもどろになったりするので、たいした探りを入れなくてもわかりやすい、ある意味では正直な人だといえます。

反対に、前者はウソをついてもまったくその素振りを見せず、抜け目のない態度で周囲をだまします。もちろん言葉も巧みなので、突っ込みどころのないような完璧なウソをつくからやっかいです。

ただ、そんな話術が達者な人のウソも、あることに注目すれば見抜くことができるかもしれません。それは、**言葉と態度に矛盾がないかどうかを見極める**ことです。

言葉はいくらでもつくろうことはできますが、人間はそこまで器用にふるまうことはできません。

たとえば、犬が大嫌いな人が口ではいくら動物が大好きだと言っていても、いざ犬を目の前にしたら、どんなに愛犬家としてふるまおうとしても腰が引けてしまうなど意外と正直なものなのです。

もちろん、メールや手紙でも同じことがいえます。

たとえば、致命的なミスをした部下から反省のメールが届いたら、「あいつも成長したな」と評価したくなりますが、本当にそこに書いてある内容が誠実なものかどうかは、その後のふるまいを見てから判断すべきでしょう。

どんな場合も、目の前に並べ立てられた言葉を読み解くのはさほど難しくはありません。ただし、それが本当かどうかは**「言葉とその態度」に矛盾かないかどうかをチェック**してから判断するべきでしょう。

○参考文献

『理論的に読む技術 文章の中身を理解する"読解力"強化の必須スキル!』(福澤一吉/ソフトバンククリエイティブ)、『脳を創る読書 なぜ「紙の本」が人によって必要なのか』(酒井邦嘉/実業之日本社)、『読書の技法』(佐藤優/東洋経済新報社)、『考える力をのばす!読解力アップゲーム①説明文編』(桂聖監修/学習研究社)、『読解力を劇的に伸ばす大人の「思考ノート」のつくり方』(深谷圭助/宝島社)、『社会人のための読解力トレーニング 正しく読めれば楽しく読める・理解できる』(後藤武士/こう書房)、『仕事に役立つ「読解力」より速く、より的確に文章を読み解く技術』(高橋昭男/PHP研究所)、『行間力―本当の国語力をつける法』(宮川俊彦/育鵬社)、『日本語の技法 読む・書く・話す・聞く――4つの力』(齋藤孝/東洋経済新報社)、『アクティブ・リッスン!「聞く力」を武器にする』(澤村直樹/すばる舎)、『一瞬で人生が変わる!アウトプット速読法』(小田全宏/ソフトバンククリエイティブ)、『増補版「読む力」はこうしてつける』(吉田新一郎/新評論)、『「読む」技術 速読・精読・味読の力をつける』(石黒圭/光文社)、『「サブカル」×「国語」で読解力を育む』(町田守弘/岩波書店)、『勉強したくなった人のための大人の「独学」法』(和田秀樹/大和書房)、『国語の本質がわかる授業〈6〉説明文の読み方』(柴田義松監修/小林義明・高橋喜代治編/日本標準)、『理科系の作文技術』(木下是雄/中央公論社)、『「文章予測　読解力の鍛え方』(石黒圭/KADOKAWA)、『子どもの学力は「読解力」で決まる!小学生のうちに親がゼッタイしておきたいこと』(齋藤孝/朝日新聞出版)、『知的社会人1年目の本の読み方』(山口謠司/フォレスト出版)、『お母さんだからできる! 男の子の国語力の伸ばし方』(高濱正伸/東洋経済新報社)、『［新版］子どもが必ず本好きになる16の方法・実践アニマシオン』(有元秀文/合同出版)、ほか

【ホームページ】
電子政府の総合窓口、ほか

編者紹介

ビジネスフレームワーク研究所
情報収集・分析から企画・プレゼン、交渉・商談、問題解決、人間関係まで、充実したビジネスライフを送るために、世の中のありとあらゆる情報のなかから、効果の高い情報のみを選び出し提案する知的プロ集団。
本書では、本を正確に深く読むコツ、仕事の資料をスピーディーに分析するワザ、ことばの“行間”を把握するテクニックなど、「大人の読解力」のポイントを、まとめて紹介した。“アウトプット”に直結する目からウロコの読み方が身につく一冊！

大人《おとな》の読解力《どっかいりょく》 “読《よ》み解《と》くこと”は最強《さいきょう》の武器《ぶき》である

2018年 11月 1日　第 1 刷

編　　者　ビジネスフレームワーク研究所《けんきゅうじょ》

発 行 者　小 澤 源 太 郎

責任編集　株式会社プライム涌光
電話　編集部　03(3203)2850

発 行 所　株式会社青春出版社
東京都新宿区若松町12番1号〒162-0056
振替番号　00190-7-98602
電話　営業部　03(3207)1916

印刷・大日本印刷　　製本・ナショナル製本

万一、落丁、乱丁がありました節は、お取りかえします

ISBN978-4-413-11270-3 C0030

できる大人の大全シリーズ

3行レシピでつくるおつまみ大全《たいぜん》

杵島直美　検見﨑聡美

ISBN978-4-413-11218-5

小さな疑問から心を浄化する! 日本の神様と仏様大全《たいぜん》

三橋健（監修）/ 廣澤隆之（監修）

ISBN978-4-413-11221-5

もう雑談のネタに困らない! 大人の雑学大全《たいぜん》

話題の達人倶楽部［編］

ISBN978-4-413-11229-1

日本人の9割が知らない! 「ことばの選び方」大全《たいぜん》

日本語研究会［編］

ISBN978-4-413-11236-9